Orar 15 dias com
São Camilo de Lellis

MARIE-CHRISTINE BROCHERIEUX

Orar 15 dias com
SÃO CAMILO DE LELLIS

EDITORA
SANTUÁRIO

DIRETOR EDITORIAL:
Marcelo C. Araújo

COPIDESQUE:
Ana Lúcia de Castro Leite

EDITOR:
Márcio Fabri dos Anjos

REVISÃO:
Camila de C. Sanches dos Santos

COORDENAÇÃO EDITORIAL:
Ana Lúcia de Castro Leite

DIAGRAMAÇÃO E CAPA:
Junior Santos

TRADUÇÃO:
José Luiz Cazarotto

Título original: *Prier 15 jours avec Saint Camille de Lellis*
© Nouvelle Cité, Domaine d'Arny
91680 Bruyeres-Le-Chatel, França.

Dados Internacionais de Catalogação na Publicação (CIP)
(Câmara Brasileira do Livro, SP, Brasil)

Brocherieux, Marie-Christine
Orar 15 dias com São Camilo de Lellis / Marie-Christine Brocherieux; [tradução José Luiz Cazarotto]. – Aparecida, SP: Editora Santuário, 2012. (Coleção orar em 15 dias)

Título original: Prier 15 jours avec Saint Camille de Lellis
ISBN 978-85-369-0272-2

1. Camilo de Lellis, São, 1550-1614 2. Orações 3. Vida espiritual I. Título. II. Série.

12-07500 CDD 282.092

Índices para catálogo sistemático:
1. Santos: Igreja Católica: Biografia e obra 282.092

Todos os direitos em língua portuguesa
reservados à **EDITORA SANTUÁRIO** – 2012

Composição em sistema CTcP, impressão e acabamento:
Editora Santuário - Rua Padre Claro Monteiro, 342
Fone: (12) 3104-2000 — 12570-000 — Aparecida-SP.

INTRODUÇÃO

"**O**s santos nunca vão ser simples personagens do passado, homens e mulheres de ontem. Ao contrário, eles serão sempre homens e mulheres do amanhã; os homens do futuro evangélico do homem e da Igreja, as testemunhas de um mundo futuro. A propósito, todos os que são animados pelo Espírito de Deus são filhos de Deus" (João Paulo II).

Efetivamente, não tenho dificuldade alguma em "reconstruir" São Camilo, apesar dos quatro séculos que nos separam. Seu amor por Deus e pelo próximo é o Evangelho de Jesus Cristo em atos, ao estilo do bom samaritano. Acolhi tudo o que li que ele escreveu e o que se escreveu sobre ele. Como explicar? Tenho acompanhado os próximos doentes e constato ali uma ressonância muito profunda em mim. Vi camilianos em ação em diversos países e penso que seu carisma seja sensacional: amar o doente como a própria pessoa do Cristo, tomar conta dele do mesmo modo como o faria uma mãe com seu filho doente, tanto de dia como de noite, mesmo com risco de sua própria vida... Depois de anos, estou na pastoral do hospital. Que me teria dito Camilo, se eu me tivesse proposto, em sua época, ficar na cabeceira desses pobres, nas grandes enfermarias do hospital do Santo Espírito em Roma? Sem dúvida: "Venha e veja", como ele disse convidando os primeiros voluntários a que o seguissem, religiosos e leigos, recomendando-lhes a colocar sempre mais amor em suas ações.

A vida de Camilo de Lellis não foi sem tribulações que fizeram dele um herói da caridade. Nós nos beneficiamos de seu exemplo, de sua confiança total em Deus, em todas as circunstâncias; confiança tal que ele soube mostrá-la até por sua "pequena planta", a Ordem dos Ministros dos Enfermos, que cresce ainda hoje nos cinco continentes. Envolvida com a família camiliana leiga na França, sou muito grata aos religiosos camilianos por terem depositado em mim confiança para que fizesse a apresentação destas 15 meditações, independentes umas das outras, mas que perfazem um todo e, além do mais, por me darem acesso a seus documentos. Acredito nessa feliz parceria dos religiosos com os leigos, no âmbito do *sopro* do Concílio Vaticano II.

A autora

PREFÁCIO

Passar 15 dias em companhia de São Camilo, guiados por Marie-Christine Brocherieux, é uma oportunidade que não se pode perder. A autora está à vontade nesta caminhada, uma vez que ela mesma, a exemplo do santo, fez o caminho interior de viver a experiência de ter sido ferida pelo sofrimento e curada pelo amor misericordioso de Deus.

Os aspectos fascinantes e centrais da espiritualidade e do carisma de São Camilo ajudam o leitor a construir sua própria resposta ao projeto de Deus para ele. A meditação começa pelo exame do papel de Deus em nossa vida: a existência de Camilo muda radicalmente quando ele compreende que "Deus é tudo e o resto é nada"; ele dá então sua vida a Deus, abrindo-se a experiências que elevam no mundo da saúde de sua época.

Transformado pelo amor misericordioso, ele se tornou capaz de viver a misericórdia para com seu próximo de um modo "revolucionário". Sua ação

7

e a de seus colegas religiosos tornaram-se, rapidamente, um modelo para a sociedade de então e mesmo para a sociedade de hoje. A Igreja reconheceu que São Camilo "foi chamado por Deus para assistir os doentes e para ensinar a outros o modo de servi-lhes", criando uma nova escola de caridade no modo de se relacionar com os doentes.

Os santos "que exerceram de um modo exemplar a caridade [...] são os verdadeiros portadores da luz na história, uma vez que são homens e mulheres de fé, de esperança e de amor" (Bento XVI, *Deus caritas est*, 40). De fato, a cruz vermelha dos camilianos expandiu-se por novos países e no coração de muitas pessoas consagradas, bem como no coração de leigos. O envio de Jesus "ide anunciar o Evangelho e curar os doentes" é, para todos os seus discípulos, como um critério de julgamento último: "estive doente e me visitastes". A mensagem de São Camilo é realmente universal, tanto no tempo como no espaço.

A atenção plena de amor e solidária para com o doente continua a ser um sinal decisivo de credibilidade para cada cristão e para a Igreja como um todo.

Renato Salvatore
Superior-geral dos Camilianos

ABREVIATURAS

CIC – S. CICATELLI – São Camilo, fundador da Ordem dos Clérigos Regulares (Ministros dos Enfermos). Traduzida do italiano por Pe. E. Boehrer, 1983.

SPO – E. SPOGLI – *La diaconie d'amour dans l'Ordre de Saint Camille* (*A diaconia do amor na Ordem de São Camilo*). Traduzida do italiano por Pe. Bernard Grasser. Éditions Camilliennes, 1999.

SOMM – G. SOMMARUGA, *Les écrits de Saint Camille de Lellis* (*Os escritos de São Camilo de Lellis*). Traduzido do italiano por Pe. Bernard Grasser. Éditions Camilliennes, 1991.

VAN – M. VANTI, *L'esprit de Saint Camille de Lellis. L'apostolat des malades au XVIe siècle* (*O Espírito de São Camilo de Lellis. O apostolado com os doentes no Século XVI*). Tradução francesa. Paris: Édition Alsatia, 1947.

BIOGRAFIA

Se apresentarmos os santos como pessoas sempre edificantes, desde o berço até a morte... tudo bem! Camilo de Lellis não foi então um santo "santo". Uma inteligência razoável e um temperamento em ebulição e expansivo fizeram com que ele tivesse uma juventude tormentosa.

Camilo nasceu em 1550, na Itália, ao sul de Chieti, nas cercanias de Buquiânico, na região dos Abruzos, no Reino de Nápoles de então. Ele foi o filho único de uma mãe já um tanto idosa, que tomou conta dele, não querendo matriculá-lo na escola. Ela teve um sonho em que o via como um chefe de bandoleiros e ela temia que isso acontecesse com ele, isto é, que ele participasse de um grupo de malandros, uma vez que ele estava quase sempre fora de casa. Camilo ficou órfão da mãe quando nem tinha 13 anos. O marquês, seu pai, um homem da guerra, morreu quando partia para ajudar Veneza na luta contra os turcos. Camilo não tinha então nem 20 anos. Ele sabia ler muito pouco, mas era um grande coração. Fisicamente, entretanto, ele foi um gigante de quase 2 m de altura.

Ele também foi para a guerra contra os turcos. A disenteria, por outro lado, impediu-o de participar da batalha de Lepanto: estamos então em 1571. Ele foi acometido de uma úlcera grave na perna, que se tornou uma chaga incurável. Seguiram-se seis anos de vida boêmia, com um verdadeiro vício pelos jogos de dados e de cartas.

Ele terminou por bater em Roma, às portas do hospital São Tiago dos Incuráveis, para tratamento médico. Como não podia pagar, ele se empregou ali como serviçal. Mas transformou sua enfermaria numa casa de jogo; jogou até mais não poder e chegou até a perder sua camisa. Nesse momento, ele foi mandado embora.

Na miséria e com sua úlcera na perna, São Camilo foi bater à porta da casa dos capuchinhos, onde se empregou, para sobreviver, como diarista. Ali um dia, depois de uma longa conversa com um dos monges, a graça atingiu-lhe o coração enquanto ele estava sobre um jumento, na colheita de uvas para os Irmãos. Lançado à terra como Saulo no caminho para Damasco, ele caiu no chão e teve, naquele momento, uma visão clara de suas faltas passadas. Ele se arrependeu e quis se entregar a Deus; pensou, naquele momento, antes de tudo fazer-se capuchinho. O noviciado foi de humilhação: pessoas de famílias nobres *se abaixavam* para varrer o chão, para lavar os copos e para lavar as tigelas. Ele recebeu o apelido de *Irmão Humilde*. Mas Deus não o quis ali. Ele teve de ir embora por causa de sua chaga na perna que não sarava. Perplexo, Camilo compreendeu que, não conhecendo outro lugar senão o hospital de São Tiago dos Incuráveis, ele poderia, quem sabe, encontrar ali sua vocação, servindo a Deus e seus irmãos enfermos.

É bem verdade que, por trás das belas fachadas renascentistas, os hospitais romanos daquela época não eram lá tão brilhantes no mais das vezes. Lençóis eram um luxo, e diga-se o mesmo do asseio corporal; os médicos não tinham preocupação alguma com isso. Pouca luz, pouco ar naquelas enfermarias de mais de 100 leitos, onde todas as janelas ficavam fechadas. E, ainda mais, quatro ou cinco estufas ficavam constantemente acesas, mesmo em pleno verão. O fedor ou o bafo dessas estufas era tão horrível que levava ao desmaio e não havia ninguém que nem de longe ousasse enfrentá-lo, a não ser que fosse heroico em virtudes.

Era bastante frequente então que camas destinadas a duas pessoas acolhessem quatro e mesmo seis; três viradas para a cabeceira do leito e três para o pé do leito. Em caso de superlotação,

13

dispunham-se ainda, embaixo das camas, de uma espécie de gavetões que eram removidos à noite para depositar ali os doentes. Pode-se imaginar o que uma situação dessa produzia em tempos de epidemias: não era raro um paciente acordar pela manhã com um cadáver a seu lado.

No hospital São Tiago, portanto, Camilo veio a ser mordomo, ele que havia sido mandado embora uns anos antes, com a classificação de *completamente inapto para o ofício de enfermeiro*. Mas Camilo soube conquistar esse hospital. A primeira coisa que fez foi abrir as janelas. Ele implantou o costume de dar um banho em cada novo paciente que chegasse. A roupa de cama seria mudada pelo menos uma vez por semana! Pouco a pouco, a limpeza começou a ganhar espaço e os hábitos tornaram-se mais humanos. O antigo jogador estava agora apaixonado pela caridade.

Numa noite de agosto de 1582, ele decidiu fundar uma congregação de enfermeiros. E logo teve candidatos: o capelão e cinco empregados. Entretanto, uma calúnia tentou travar a vida da obra recém-nascida. Camilo pensou em se tornar padre. Um *benfeitor* lhe proporcionou a chance de estudar no Colégio Romano. Ele foi ordenado em 26 de maio de 1584 e celebrou sua primeira missa em 10 de junho subsequente, no hospital São Tiago. Depois disso, Camilo afastou-se desse lugar, onde seu zelo encontrava muitos obstáculos. Ele foi então exercer a caridade no hospital Santo Espírito. Em 1586, ele foi encarregado da igreja da Madalena, com as acomodações adjacentes, não longe do Panteão. Camilo passou a ter ali então seu quarto, por mais de 20 anos, até sua morte. No dia 18 de março desse mesmo ano, Sisto V aprovou a Congregação ou *Companhia* de Camilo.

Ele escolheu um nome para os primeiros religiosos: *Ministros dos Enfermos*, nome que mantêm até os dias de hoje. Eles vestiam uma batina preta com uma insígnia: uma cruz vermelha no tecido, costurada no lado direito. O manto negro trazia igualmente uma cruz vermelha sobre a espádua direita.

Em 1586, eles já eram uma dúzia. Uma *Bula* de 21 de setembro de 1591 de Gregório XIV, erigiu a Congregação dos Ministros dos Enfermos em Ordem Regular, livre e independente. Camilo foi seu primeiro superior-geral. No dia 8 de dezembro do mesmo ano, Camilo e seus companheiros fizeram sua Profissão Solene. Aos votos de pobreza, castidade e obediência, Camilo acrescentou um quarto voto: o de servir aos doentes, mesmo com risco de morte.

Esse soldado de poucos conhecimentos acadêmicos, que pregava às vezes com um discurso com tons que lembravam o Apocalipse, tornava-se com o tempo um *cantor lírico para cantar* o hospital "magnífico jardim com as flores mais belas do mundo", "jardim de delícias", "paraíso". Quando ele tinha muita dor de cabeça – preocupações –, adorava se "distrair" no hospital. Ele queria que os pobres coitados que estavam ali o considerassem como seu escravo. A um infeliz, *enfeitado* com uma boca cheia de úlceras, ele disse: "Meu nobre senhor, em que lhe posso servir?" Um dia, um cardeal solicitava sua presença, e ele respondeu: "Estou cuidando de Jesus Cristo, verei Vossa Excelência quando terminar".

Sua caridade era incansável. "Gostaria de ter, dizia ele, um coração grande como o mundo." Ele se superou em 1598, por ocasião de uma impressionante inundação do Tibre. Na véspera do Natal, com somente seis ajudantes, ele começou a transportar mais de 200 doentes para um lugar seguro. Subir escadas abruptas, com os doentes nas costas até o alto do monte. Descer de novo e subir de novo para depois recomeçar tudo de novo. Na hora do Natal – à meia-noite – os altares da igreja da Madalena estavam debaixo d'água: não havia meio algum para celebrar nada, mas os pobres doentes do hospital estavam salvos.

Entretanto, tudo vai se desgastando, mesmo as grandes carcaças resistentes passam. Ele conseguiu ditar seu testamento espiritual passando-o aos religiosos presentes e aos futuros. Camilo morreu em 14 de julho de 1614, pouco mais de uma hora depois do começo da noite. Ele deixava então 15 casas, oito hospitais e 242 professos.

Ele foi beatificado por Bento XIV, em 2 de fevereiro de 1742, e canonizado em 29 de junho de 1746. Leão XIII proclamou em 1886, São Camilo e São João de Deus, os padroeiros universais dos enfermos e dos hospitais. Em 1930, Pio XI os declarou padroeiros dos trabalhadores hospitalares. Paulo VI, em 1964, reconheceu São Camilo como padroeiro dos Abruzos, na Itália, e depois, em 1974, protetor particular do serviço da saúde do exército italiano.

Eis o que foi a vida desse grande santo que via em todo e qualquer enfermo a imagem mesma do Cristo. E se esse gigante da caridade compreendia tão bem o doente, foi porque ele mesmo, durante toda a sua vida, teve de suportar numerosos sofrimentos aos quais chamava de "misericórdias de Deus".

O primeiro desses sofrimentos foi sua chaga ou úlcera incurável na perna direita. Isso fazia com que o simples fato de andar já fosse um sofrimento insuportável e, por isso, ele muitas vezes mancava. Mas nem por isso deixou de viajar. E isso durou 46 anos.

O segundo foi uma hérnia. Ele buscava reduzir o sofrimento que vinha dela pelo uso de uma cintura de ferro que lhe machucava cruelmente a pele. Ele a trouxe consigo por 38 anos.

O terceiro sofrimento foi a ferida de dois furúnculos sob a planta do mesmo pé que já estava adoentado pela chaga, que ele suportou por 25 anos.

17

O quarto sofrimento foram as dores nas costas que lhes eram ocasionadas como sequelas dos cálculos renais. Ele sofreu desse mal por 10 anos.

O quinto sofrimento foi a repugnância pelos alimentos, a qual se agravou no fim da vida. Ele suportou esse mal por 30 meses.

Nunca reclamou de nada. Para ele, tudo isso tinha sentido. Falando de sua chaga na perna ele dizia: "Deus quer que eu esteja sempre vinculado aos enfermos e *aprisionado* nos hospitais para que suporte com mais caridade, com mais compaixão, meu próximo, o doente".

O que parece inverossímil é que, apesar de tantas enfermidades, ele pôde suportar uma trabalheira enorme com os doentes, tanto de dia como de noite. Fadigas e penitências prolongadas para dirigir e consolidar a nova Ordem que tinha acabado de fundar, nunca o impediram de dar conta do recado. Quando um confrade o convidava para que descansasse um pouco, invariavelmente ele respondia: "A caridade não busca conforto; é necessário esporear este cavalo mau que é o nosso corpo".

O sofrimento foi, portanto, seu pão cotidiano, mas esse pão amargo foi adoçado por seu amor a Deus e ao próximo. Ele fez sua esta palavra do Senhor: "Não há amor maior que doar sua vida pelos que se ama". Em sua Primeira Carta, São João nos ordena que amemos em atos e em verdade.

Não conhecemos bem as coisas a não ser praticando-as, e Camilo praticou o sofrimento: é por isso que tão bem compreendeu os doentes e fez de tudo para confortá-los.

O Senhor deu a São Camilo o privilégio de uma surpreendente caridade para com os doentes, seus irmãos. Ainda hoje ele se volta para todos os que queiram seguir seu exemplo para servir a todos os que sofrem, repetindo as palavras de Jesus: "Vinde, benditos de meu Pai... Tudo o que fizestes a um destes pequenos que são meus irmãos, foi a mim que o fizestes" (Mt 25,33).

Primeiro dia

DEUS É TUDO, O RESTO É NADA

Agora chega de mundo! Chega de mundo! Ah! Como fui cego em não reconhecer-vos, meu Deus! Por que não despendi toda a minha vida ao vosso serviço! Perdoai, Senhor, perdoai este grande pecador! Tarde demais, meu Deus, vos conheci; sim, tarde demais. Dai-me, pelo menos, o tempo para fazer penitência (VAN, n. 18 B).

No dia primeiro de fevereiro de 1575, o guardião do convento dos capuchinhos de Manfredonia, na região da Pulha, no sul da Itália, pediu a Camilo que fosse aos Irmãos de São Giovanni Rotondo, uma cidade distante 23 quilômetros, para uma troca de víveres: macarrão por vinho. Camilo tinha então 25 anos; como ele estava muitas vezes sem dinheiro, concordou em ser servente ou entregador de recados para os monges, como foi esse caso. Tudo estava indo bem. Seu animal de carga suportava o peso e dava conta dos caminhos pedregosos. Quando Camilo chegou, encontrou o padre Ângelo, guardião daquele convento. Este conversou longamente com ele, fez algumas perguntas e também o escutou. Camilo sentia confiança e confidenciou: "Nunca fiz nada de bom, nunca tive uma alegria... Tudo o que ganho, eu gasto na hora, em jogatina". As palavras do capuchinho foram simples e limitadas ao essencial. "Camilo, meu irmão, você é jovem e forte; tem toda a vida diante de você; coloque Deus em primeiro lugar: Deus é tudo, o resto é nada. Salvar sua alma que não morre é o único dever para quem vive uma vida curta e insegura, como é a vida do ser humano na Terra". No dia seguinte, isto é, no dia 2 de fevereiro, festa da Purificação da Virgem Maria, Camilo assistiu à missa e se despediu do monge com estas palavras: "Padre, reze ao Senhor por mim, para que me ilumine, a fim de que eu saiba e faça aquilo que devo realizar para o seu serviço e para a salvação de minha alma".

Quando ele desceu para Manfredonia, ao longo do *Vale do Inferno,* é assim que se chamava esse lugar especialmente árido e de ventanias, Camilo não parava de repensar naquilo que lhe dissera o monge; ele viu bem claro que ele é que tinha razão. Sua agitação interior foi tal que num momento ele se jogou no chão do alto de sua montaria. Ele se batia no peito, pedia perdão a Deus por sua vida passada e assumia o compromisso de fazer uma verdadeira penitência: "Chega de mundo! Chega de mundo! Ah! Como fui cego em não reconhecer-vos meu Deus!" Um momento tão transtornador não se esquece jamais, uma vez que isso muda tudo. Ele tinha agora um antes e um depois.

Agora, a alegria o invadia: era a felicidade de ter encontrado o verdadeiro sentido de sua existência, depois de ter conhecido uma andança de ir para aqui e para acolá sem saída. Ele se sentia como que inteiro renovado e de tal modo entusiasta que se "ele tivesse encontrado ali, no caminho, um hábito capuchinho, ele o teria vestido sem esperar a permissão dos religiosos", contava ele mais tarde. De solitário, queria vir a ser solidário do mundo pela oração e pelas privações.

Uns tempos antes, por ocasião dos períodos de crises passageiras, Camilo tinha ingenuamente feito o voto de entrar para os filhos de São Francisco, depois, ele nem se preocupava mais com isso. Dessa vez, sua decisão foi toda ela firme e clara. Ele quis vir a ser monge, como o padre Ângelo. Após um tempo de postulantado em Manfredonia, ele recebeu a permissão de começar o Noviciado no convento capuchinho de Trivento (Campobasso). Tornou-se um religioso tão exemplar que os outros noviços até riam um pouco dele, chamando-o de *Irmão Humildade*. Mas a fricção contínua de sua roupa de burel em sua perna provocou a reabertura de sua ferida e depois de três meses de dor, para seu desgosto, o jovem noviço foi convidado a ir embora.

No dia 23 de outubro desse mesmo ano, voltou ao hospital São Tiago, em Roma, e mais uma vez submeteu sua perna aos devidos cuidados. Sua mudança radical de vida provocou muito espanto. Quatro anos antes, ele havia sido mandado embora em vista de sua indisciplina; agora, ele era uma pessoa admirável como doente, mas especialmente como pessoa, capaz de dispensar cuidados para com os demais. A propósito, ele se consagrava com paciência e generosidade ao serviço dos doentes que precisavam de assistência. Ele foi assim adquirindo conhecimentos e experiência sobre a realidade hospitalar e com isso lhes foram confiados, cada vez mais, cargos importantes. Quatro anos depois, em junho de 1579, sempre persuadido por um chamado divino, Camilo bateu à porta de um noviciado capuchinho. Dessa vez, ele foi enviado a Tagliacozzo (L'Aquila). Mas depois de apenas alguns meses, a ferida se abriu e ele se viu obrigado a abandonar definitivamente seu profundo sonho pela vida franciscana, não sem antes pedir aos monges uma declaração por escrito de sua recusa. Ele guardava esse papel sobre sua situação como garantia contra o temor de ter sido reprovado, por sua própria culpa, ao chamado de Deus. A espiritualidade de São Francisco, caracterizada pelo amor misericordioso e pelo serviço a todas as criaturas do Senhor, esteve, contudo, sempre presente em seu espírito. Com o tempo, Camilo compreendeu melhor que o Senhor lhe pedia deixar as coisas de Deus para Deus fazer, vivendo de um modo diverso sua vocação, permanecendo na santa vinha do Senhor, que era o mundo da saúde de sua época, em que, como ele bem o sabia, havia tanta miséria. Aliás, isso estava bastante claro em sua mente, uma vez que ele interiorizara esta frase de Jesus: "Não fostes vós que me escolhestes, mas fui eu que vos escolhi e vos designei para irdes e produzirdes fruto, e para que vosso fruto permaneça" (Jo 15,16).

Foi assim que, voltando ao hospital São Tiago, para oferecer seus serviços, sua oração tornou-se: "Agora conheço, Senhor, vossa divina vontade, uma vez que não me quisestes capuchinho, nem naquele estado de penitência, onde eu tanto desejaria viver e morrer, é um sinal de que vós me quereis aqui ao serviço destes pobres enfermos que são vossos. Assim, desde agora, quero dispor-me a servi-los em tudo e por tudo".

Os administradores acolheram-no de braços abertos e lhe confiaram o cargo de mordomo, isto é, de ecônomo geral e responsável pelo pessoal. Camilo desempenhou sua função com sabedoria e de modo escrupuloso. Visitava os enfermos todos os dias e se ocupava com eles pessoalmente; ele supervisionava e instruía com insistência os empregados do hospital. No mais das vezes, esses eram mercenários negligentes e desmotivados; estavam ali pelo dinheiro que ganhavam e não queriam por nada melhorar. Camilo repreendia-os com severidade, quando eles falhavam em seu dever de dar uma boa assistência aos enfermos.

Depois de ter observado e dimensionado bem as carências nos cuidados hospitalares de sua época, ele percebeu com uma intuição clara, sem dúvida inspirada também por seus momentos de oração, a necessidade de se formar um grupo de voluntários desejosos, como ele, de mudar as atitudes dos tratamentos para com os enfermos. Entretanto, consciente de sua preparação espiritual insuficiente, ele se fez discípulo de um homem já famoso por sua sabedoria e santidade: o padre Filipe Neri, dos Oratorianos. Ele o encontrava com assiduidade como confessor e como diretor espiritual.

Segundo dia

INTUIÇÃO FORTE

Não se pode libertar os enfermos dos funcionários mercenários pela constituição de uma Companhia de homens piedosos e de bem que os serviriam, não por salário, mas voluntariamente e por amor a Deus, com aquela caridade e aquela bondade que as mães têm normalmente por seus próprios filhos quando doentes? (VAN n. 10 A).

Mesmo que o caráter de Camilo tenha se deixado transformar durante seu noviciado com os padres capuchinhos, seu caráter natural mostrava-se em diversas ocasiões, como que impetuoso, especialmente por ocasião da defesa dos pobres. Por outro lado, e isso é uma surpresa para um homem de seu tempo e habituado à vida rude, quando de seu retorno ao hospital São Tiago, *irritado* pela falta de amor nos tratamentos dispensados pelos mercenários, vemo-lo verdadeiramente manifestar sua ternura maternal para com os enfermos.

Dois fatos estão na origem desse amor pelos sofredores. Inicialmente, foi sua conversão que o mudou totalmente; depois, uma noite de agosto de

1582, próxima da festa da Assunção, quando ele teve essa intuição forte de reunir companheiros, desejosos como ele de servir aos enfermos por amor a Deus e não por dinheiro; e de fazê-lo com a afeição que têm normalmente as mães para com seus filhos doentes. Eles eram agora seis e se reuniam numa sala transformada em oratório.

Os administradores do hospital viam com certa suspeita a iniciativa desse grupo de pretensos voluntários e ele passou a ser contrariado de todos os modos. Um dia, em que Camilo não estava ali, os oponentes entraram e saquearam o que havia na sala. Camilo encontrou tudo por terra e, entristecido, recolheu seu crucifixo. Pouco tempo depois, teve um sonho em que via o Crucificado a encorajá-lo diante das dificuldades encontradas e lhe dizia: "Continua, pusilânime, esta obra não é tua, mas minha". Ele retomou, imediatamente, a coragem e decidiu instalar-se com seus primeiros companheiros na igreja de Nossa Senhora dos Milagres (*Madonna dei Miracoli*). Mudou também o *endereço* dos cuidados com os enfermos, e com eles – seus companheiros – começou a manter cotidianamente seu serviço ao hospital Santo Espírito bem próximo dali. Confrontado com as necessidades físicas e espirituais dos enfermos, Camilo começou a pensar em reunir, também com seu grupo de voluntários experimentados, alguns padres, para garantir um serviço completo para com o enfermo, na globalidade de sua pessoa. Ele pensou em ser padre, mas para isso precisava de coragem e de perseverança para recomeçar os estudos, aos 30 anos. Ele fez o curso de Latim e de Teologia no Colégio Romano, dos jesuítas. "Já estava na hora de você vir!", caçoavam os estudantes mais jovens que ele. Ele se esforçava muito e, no dia 26 de maio de 1584, foi ordenado padre na Basílica de São João de Latrão. No dia 10 de junho, celebrou sua primeira missa na igreja do hospital de São Tiago e foi nomeado capelão do Santuário de Nossa Senhora dos Milagres.

Eis que ele estava pronto para *formar seguidores*, a ser formador, no que o padre Felipe Neri esteve em completo desacordo, achando que ele era "limitado, iletrado, incapaz de conduzir a outros". Ele até mesmo deixou de ser seu confessor. Desanimado, Camilo foi à procura de outro padre. O apoio que necessitava, ele bem o sabia, estaria nos sacramentos e igualmente nas Sagradas Escrituras, como no caso do texto do profeta Isaías onde está escrito: "Como a mãe consola um filho, assim vos consolarei" (Is 66,13). Seu coração, pleno de Deus, pensava e agia em harmonia com Ele.

Camilo tinha essas atitudes de consolação e de atenção para com os enfermos, porque ele mesmo, no início de sua vida, recebeu bastante amor de sua mãe. Durante sua juventude, ele não tinha se dado conta disso; seu caráter natural todo afogueado, e muitas vezes até rebelde, levava-o até a causar alguma preocupação para sua mãe. Ele lamentava ter sido desatento a seu amor por ele; mas o que ele havia recebido, queria agora doar. Camilo era ainda um adolescente quando sua mãe morrera. Em Buquiânico, dizia-se até que fora ele quem a fizera "morrer". A lembrança dessa mãe tão devotada, e os remorsos que ele sentia de tê-la feito sofrer fizeram com que ele compreendesse quanto as mães amam seus filhos.

É por isso que essa ideia da verdadeira dimensão do amor materno, a partir de seu encontro com Deus, se enraizaria em sua existência. Ele queria transmiti-la a seus companheiros. Foi também a partir desse momento que Camilo descobriu Maria, a Mãe de Deus e dos homens. Tendo retomado o caminho da Igreja, ele soube que agora não estaria mais só, mesmo que não tivesse mais sua família natural; ele agora entrara na grande família dos batizados. A Virgem Maria irrompeu em sua existência no dia mesmo de sua conversão para Deus. Uma vez que essa aconteceu no dia 2 de fevereiro, e isso não foi por acaso, mas foi como que sinal da atenção particular que a Virgem queria reservar-lhe. Foi ela que facilitou seu renascimento e começo de seu itinerário novo, ela, a Mãe de Deus e dos homens.

Pessoalmente, sendo eu mesma mãe muitas vezes, essa escolha de Camilo de ter as atitudes *emprestadas* pelo amor materno – e sabemos que as mães sabem consolar, que elas são pacientes e inventivas para encontrar aquilo que convém a seu filho adoentado – alegra-me de forma particular. Hoje, a psicologia e as necessidades da vida moderna colocaram também os pais para arregaçar as mangas, e eles o fazem muito bem; entretanto, no caso das mães, isso parece mais inato. Na época de Camilo, os homens não se preocupavam por nada pelos pequenos. Seus companheiros, de Camilo, procuram motivar os voluntários e os religiosos com palavras tais como: "Servir, consolar, cuidar dos doentes sem distinção de pessoa, porque Deus quer assim", que não remetiam em nada ao vocabulário dos homens de seu tempo, orgulhosos, sempre metidos em intrigas por honras e poder.

Os testemunhos para o processo de canonização de Camilo não cessaram de afirmar que sua ação estava impregnada desse amor que ele punha em prática dia e noite, servindo aos enfermos como se eles fossem a própria pessoa de Cristo. Estes testemunham e confirmam que uma mãe não poderia ter feito mais para seu filho que aquilo que ele fazia para os pobres doentes. "Em Nápoles, disse uma testemunha, vi-o cuidar de crianças pequenas e, ele o fazia como se ele fosse sua ama de leite;

dava-lhes a mamadeira, ensinava-lhes o *Pai-nosso* e a *Ave-Maria*, e, por assim dizer, cuidava delas como se fosse sua ama de leite ou sua mãe mesmo".

Que um homem daqueles tempos, tendo conhecido os campos de batalha, fosse capaz de tanta paciência e amor, isso me interpela e me leva a agir com essas mesmas disposições. À medida que me aproximava do carisma camiliano, isso me impactava, quis saber se havia religiosas camilianas. Efetivamente, duas grandes congregações femininas que têm São Camilo de Lellis como modelo de devotamento aos enfermos, e foram fundadas no Século XIX; no Século XX, foram fundados dois institutos seculares. De mais a mais, os leigos comprometidos com seu batismo, homens e mulheres, reúnem-se hoje na Família Camiliana Leiga; eles representam "a grande família de são Camilo".

Terceiro dia

UMA NOVA ESCOLA DE CARIDADE

Minha vocação, minha resolução, tudo o que busco, é servir aos pobres enfermos, como meus reis, príncipes, uma vez que servindo-lhes, sirvo a Cristo, nosso Redentor (VAN n. 14)

Camilo, quatro anos após sua conversão e seu retorno definitivo ao hospital São Tiago, por causa de sua ferida na perna que se abrira novamente, descobriu sua verdadeira vocação à luz dos eventos, e se doou totalmente ao serviço dos enfermos. Nomeado mordomo, cargo prestigioso que o envolveu na orientação e supervisão de todo o pessoal do hospital, Camilo compreendeu onde estava a fonte da decadência dos hospitais em seu tempo.

Em Roma, e especialmente no hospital São Tiago dos Incuráveis, eram reunidos os que haviam sido totalmente abandonados; os doentes não tinham direito algum. As descrições dos tratamentos reservados aos doentes eram de apavorar. Camilo sofreu com isso duplamente: por causa de sua responsabilidade de ser encarregado dos doentes, e por não conseguir consertar a situação, apesar de seu envolvimento como mordomo. Pouco a pouco, ele sentiu a necessidade absoluta de novos comportamentos nos cuidados hospitalares, formando voluntários que fariam esses serviços por amor a Deus e ao próximo. Foi assim que ele lançou os fundamentos de sua nova escola de caridade, uma escola que, a 400 anos de distância, não perdeu absolutamente nada em sua atualidade.

Um primeiro princípio é apresentado no que diz respeito à assistência aos enfermos: "Que cada um veja o pobre como a própria pessoa do Senhor!" Para servir aos enfermos, ele contava agora com homens conscientes de que os enfermos não são coisas, nem "casos", mas sim pessoas que têm o direito ao respeito e à consideração de sua dignidade humana. Ele apresentou regras práticas sobre o modo de servir a comida aos enfermos, sobre a delicadeza a ser empregada para refazer as camas, sobre a prontidão ou rapidez na resposta a seus chamados: "Quando os enfermos tiverem necessidade de ser carregados nos braços, que tenhamos o cuidado de fazê-lo com toda a caridade possível, que se evite removê-los mais que o necessário ou fazer com que passem frio, que eles sejam cobertos imediatamente e que tenham a cabeça numa posição levemente mais alta". Ele se preocupava também com as provisões de alimentos, a fim de que elas fossem sadias e agradáveis, o que não era o costume antes. Ele chegou até a preparar menus especiais para alguns enfermos.

Ele quis mais e insistiu no fato de que o corpo e a alma do enfermo são indissociáveis: suas necessidades corporais e espirituais deveriam ser vistas numa visão unitária da pessoa. "Se desconsiderarmos o corpo, o serviço das obras espirituais definhará...", dizia Camilo, que queria salvaguardar a liberdade de consciência do novo paciente acolhido. Com efeito, a antiga regra do hospital do Santo Espírito prescrevia, por exemplo, que os doentes, antes de serem colocados nos leitos, deviam confessar-se e comungar. Camilo inverteu esse princípio, que estava tão solidamente ancorado nas ordenações hospitalares da época. Uma vez que o doente fosse acolhido, acamado em seu próprio leito, perguntava-se, com discrição, se ele desejava receber os sacramentos, tendo-se todo o cuidado de que isso fosse feito com seu consentimento.

Logo de início, Camilo solicitava aos voluntários vigiar quanto à limpeza do doente. Nessa época, o uso da água para a limpeza era negligenciado, visto até como nocivo para o próprio doente. Camilo combateu esse preconceito; ele quis para eles o alívio e o bem-estar do asseio. Introduziu em diversos hospitais o costume de lavar os pés dos enfermos antes de colocá-los na cama. Além do asseio geral, Camilo preocupou-se com a boca. Passava, ele mesmo, de leito em leito, de manhã bem cedo, e dava aos doentes, num copo de metal, água para um gargarejo, ajudando-os a limpar os dentes e a língua. Ele os ajudava a lavar o rosto e as mãos e, se necessário, ajudava-os a cortar as unhas, fazer a barba, cortar os cabelos, higienizar a cabeça e eliminar eventuais parasitas, tão frequentes naquele tempo. Ele até sugeriu outro tipo de serviço que diz respeito às tarefas úteis nas enfermarias, como varrer, colocar e recolher as mesas, servir a comida, organizar as lâmpadas, cuidar dos lençóis, levar a lenha, o carvão, preparar as chaleiras de água quente, estabelecer a escala do dia. Por fim, essa higiene, ele a quis também para os enfermeiros, para os voluntários e para ele mesmo. Quando servia ou cuidava dos enfermos, ele vestia um casaco de lona preto e um avental branco.

Um outro princípio da escola de Camilo foi a renúncia total a seu interesse pessoal. Para ele, era um verdadeiro sacrilégio enriquecer à custa dos doentes. Camilo não se dirigia senão a seus companheiros, quando se manifestava sobre isso. O que ele queria era mostrar a beleza de sua missão, bem como a dos enfermeiros e dos médicos a quem exortava a não poupar seus esforços, num espírito de fé. Àqueles que estavam muito amarrados a seus interesses, ele mostrava que o apego ao ganho é um inimigo da caridade. Àqueles que temia por sua vida quando visitava os pacientes com moléstias contagiosas ele os encorajava: "Com caridade, vocês salvarão o corpo e a alma".

A caridade de Camilo fez dele um advogado dos pobres em todas as suas necessidades. Ele pedia aos diretores e administradores dos hospitais que tivessem em mente seu bem-estar. Uma de suas principais preocupações no que diz respeito à higiene dos hospitais foi a sujeira dos banheiros. Em vista dos riscos de contágio nesses lugares, ele preconizou o emprego da cadeira-vaso, que poderia ser levada aos leitos dos pacientes mediante sua solicitação. Camilo tinha uma grande estima pelos médicos e observava escrupulosamente suas prescrições, especialmente no que tangia à receita de medicamentos e à alimentação dos enfermos.

Progressivamente, mas de modo firme, Camilo estabeleceu um modo bastante novo para seu tempo, de se comportar e de disponibilizar os cuidados para com os enfermos, não somente nos hospitais mas também nas enfermarias, nas prisões e nas casas privadas, onde ele e seus companheiros eram chamados para acompanhar pessoas no fim de vida. Ele descobriu, muitas vezes, homens e mulheres, de todas as condições sociais, tendo necessidades urgentes de ajuda espiritual em seu derradeiro combate da vida. Ele viu isso como um "oceano imenso e sem fundo, uma vez que em todos os lugares havia gente morrendo". Ninguém sabe nem o dia, nem a hora, e poderia acontecer para Camilo que ele não pudesse estar presente no momento da grande passagem dos enfermos que ele acompanhava. Para ele, nada substituía a paciência contínua e uma assistência perseverante. Além do mais, ele exigia um grande respeito pelo corpo daqueles que porventura vinham a falecer. No hospital, ele pedia que se esperasse muitas horas antes de os enfermos serem retirados de seus leitos; na sala mortuária, eles deveriam ser depositados com decência e não colocados no chão sem cuidado algum, como acontecia naquele tempo comumente.

Camilo não punha limite algum ao ardor da caridade. Ele não lamentava senão uma coisa até seu último suspiro: "Eu queria ter cem braços para poder fazer muito mais".

Quarto dia

UM NOME E UMA CRUZ

Vejam esta cruz que minha mãe pensava devesse ser para a ruína e a destruição de sua casa; eis como Deus fez com que ela servisse para a ressurreição de um grande número de pessoas e para o crescimento de sua glória. Como os pensamentos de Deus diferem daqueles dos homens (VAN n. 11 B).

Camilo queria para seus discípulos um nome e uma insígnia que se relacionasse com sua vocação. Seu nome foi escolhido por ocasião de uma reunião dos religiosos, e depois sancionado pelo papa. Eles tinham, de início, imaginado o título "Ministros dos Enfermos", mas, depois de uma discussão, o fundador concluiu que, como aparece nos Evangelhos, em diversos lugares, o nome "ministro", e no desejo de imitar Jesus Cristo, eles se chamariam "Ministros dos Enfermos". Essa palavra, na linguagem cristã, significava "servidor".

Nesse mesmo tempo, Camilo chegou a obter do supremo pontífice o reconhecimento de sua família espiritual sob um nome bem determinado de "Sociedade dos Ministros dos Enfermos". Desde o dia 20 de abril de 1586, ele reuniu seus companheiros e, mediante voto secreto, procedeu à eleição do primeiro superior-geral. Foi ele mesmo, Camilo, que foi eleito vitaliciamente e por unanimidade. Lembrando-se da palavra de Jesus: "O que for o maior entre vós será vosso servo", ele acolheu a decisão, admitindo que o superior não era, na realidade, senão o servidor de todos os outros. Ele assim acreditava, e não cessou jamais de agir coerentemente. Seu primeiro gesto foi o de colocar uma sacola no pescoço e ir mendigar juntamente com um outro padre da congregação.

O resultado foi magro: eles retornaram com um pedaço a mais de pão, mas com muitas gozações e grosserias nas costas. A tarefa dos pedintes foi uma das mais ingratas e das mais árduas que existiam. Quando mais tarde, apesar de seus esforços, aconteceu que sua sacola ficasse vazia, Deus, sob o termo Providência, que lhe serviu de ajuda, inspirando no coração dos benfeitores muito caridosos, os sentimentos de uma grande liberalidade.

Aos benefícios materiais tão necessários, vinham ajuntar-se os apoios muito valorizados. Um cardeal demonstrou uma verdadeira veneração e uma afeição real pelo fundador e pela obra. Ele falou espontaneamente ao papa Sisto V, sempre em termos bem elogiosos. Ele contou que esse padre e seus companheiros davam à cidade de Roma o exemplo da uma caridade extraordinária. O supremo pontífice teve o desejo de ver isso por si mesmo e de ouvir o servidor de Deus. Camilo foi informado disso e se apressou em ir ao Vaticano. Ele foi apresentado ao santo padre, prostrou-se a seus pés e lhe expôs, com toda a humildade, como o Senhor se dignara servir-se dele, "vil instrumento", para formar essa sociedade que Sua Santidade acabava de reconhecer e aprovar. O papa perscrutou com um longo olhar penetrante esse padre humilde ajoelhado diante dele. Ele lhe admirou o candor, mas ao mesmo tempo, reconheceu o prodigioso trabalho da graça nessa natureza tão forte, tão plena de orgulho e de vigor. Ele o felicitou cordialmente e exortou-o a colocar sua confiança em sua proteção apostólica. Encorajado por tal boa vontade, Camilo solicitou ao supremo pontífice a faculdade de levar, no lado direito do hábito e do manto, uma cruz vermelha, a fim de distinguir melhor os novos religiosos de outros clérigos regulares que vestiam um hábito bastante semelhante. O santo padre concedeu esse direito imediatamente c solicitou que lhe fosse apresentada uma ata desse assunto.

Alguns dias depois, a ata foi apresentada, com um modelo em papel da cruz vermelha. A Sagrada Congregação do Vaticano deu um parecer favorável. O *Breve* – documento oficial – da autorização vem datado de 26 de junho de 1586. Três dias mais tarde, na festa dos santos apóstolos Pedro e Paulo, o fundador e sete de seus religiosos foram até a Basílica de São Pedro, com o novo signo distintivo sobre a batina preta. A multidão, bastante numerosa naquele dia em Roma, mostrou-se surpresa e reagiu de diversas maneiras. Uns diziam que eram jesuítas que estavam retornando da Índia ou do Santo Sepulcro; outros, ridicularizando, imaginavam que seriam os Cavaleiros do Caillou, uma associação que entrara em descrédito na época.

A ideia original de Camilo para solicitar o privilégio desse sinal bem particular foi a de fazer com que o mundo soubesse que esses religiosos, marcados por esse emblema, são escravos devotados ao serviço dos pobres enfermos. Ele foi também o sinal da árvore da vida plantada no Calvário, cujos frutos são úteis para a salvação do mundo, para ajudar e consolar os moribundos. "A cruz que vocês levam em seus peitos, diz ele a seus religiosos, deve servir para vocês como uma advertência contínua para levar a todos os lugares a mortificação e a paciência de Cristo e a sempre acolher bem, por amor ao próximo, toda a fadiga e toda e qualquer dor".

Todos a recebem no dia de sua profissão solene. Camilo pediu que fosse levada sobre o lado direito, em vez do lado esquerdo do peito, como era então o costume de tantas ordens de cavaleiros. O objetivo não foi tanto de se singularizar, mas de torná-la mais visível ao doente, quando um camiliano o levantasse com o braço esquerdo que servia ou ajudava com a mão direita, no momento de dar os remédios ou outros cuidados médicos. A Congregação a levou no lado direito quase como que uma arma defensiva para vencer os demônios, os piores inimigos desse símbolo da cruz. Camilo continuava a se comportar como soldado, mas um soldado do Crucificado, estando sempre pronto com "as esporas nos pés".

Como uma espécie de pensamento pano de fundo, ele mantinha a lembrança do sonho de sua mãe que ela teve durante a gravidez: um menino levando uma cruz sobre o peito, andando à frente de outros meninos, cada um deles levando também o mesmo signo sobre seu peito: uma cruz. Ela se sentiu perturbada, porque, dizia ela, "os malfeitores vão para a forca com a cruz no pescoço, e meu filho, quando for grande, conhecerá esse fim, em companhia de outros encrenqueiros". Mais tarde, Camilo não hesitou em falar a seus conterrâneos de Buquiânico, sua terra natal, dizendo a eles: "Vejam esta cruz, que minha mãe pensava que deveria ser para a ruína e destruição de sua família; vejam como Deus a converteu em instrumento para a ressurreição de um grande número de pessoas e para o crescimento de sua glória. Como os pensamentos de Deus são diversos dos pensamentos dos homens!"

A cruz de Cristo, cruz de vida, cruz de glória: a única explicação da cruz é o amor que vai até o fim. "Jesus, tendo amado os seus que estavam no mundo, amou-os até o fim" (Jo 13,1). A celebração da Sexta-feira Santa já é a celebração da glória da cruz, da glória da ressurreição. Ainda que esse sinal nos fale de renúncia, de luta, ele nos fala sobretudo, de amor, de amor sem medidas. Camilo quis que seus discípulos prometessem ao Senhor sempre servir aos enfermos, mesmo com o risco de suas próprias vidas, uma vez que "ninguém tem maior amor do que este: dar a vida por seus amigos" (Jo 15,13).

Quinto dia

PADRES E IRMÃOS

No dia da Imaculada Conceição da Bem--Aventurada Virgem Maria, dia 8 de dezembro de 1591, será celebrado o nascimento da Ordem: faremos, a propósito, a profissão solene, e com grande solenidade, uma vez que essa será a primeira vez. Não é algo pequeno, com efeito, ter criado em sua Igreja uma nova Ordem da qual se esperam muitos frutos, tanto para as almas como para os corpos de nossos próximos. Mas o que é mais espantoso é que ele quis se servir de mim, um grande pecador, que teria merecido mil vezes o inferno. Que tudo seja para a maior glória de Deus! (SOMM n. 65).

O caminho de Camilo foi a vontade para o bem: ele quis o bem em vista do único bem: Deus. Sem olhar para trás, nem demais para frente, ele se deu todo inteiro. "Obras e caridade, eis o que quer o Senhor!", repetia ele. Desse modo, Camilo projetou-se com audácia e generosidade na direção de uma nova espiritualidade.

Essa está contida em sua vida e em seus escritos: algumas cartas e a Regra de Vida de seu Instituto. Ele não assumiu regra monástica alguma que estava vigente na época; ele compôs uma que lhe é própria e que comporta quatro votos: "Se alguém, por inspiração do Senhor Deus, quiser exercer as obras corporais e espirituais da misericórdia segundo nosso Instituto, que ele saiba que deve viver como que morto para as coisas deste mundo, para os pais, para os amigos, para os bens e para si mesmo; viver unicamente para Jesus Cristo, sob o jugo bastante suave da pobreza perpétua, da castidade e da obediência, e ao serviço dos enfermos, mesmo os atingidos pela peste, em sua necessidades corporais e espirituais, de dia e de noite, segundo as Constituições já feitas e a serem feitas. Que ele realize isso por um verdadeiro amor a Deus e por expiação de seus pecados".

Todo e qualquer compromisso para ele foi radical. Na véspera de sua profissão solene, ajoelhou-se diante de seus companheiros e lhes deu um exemplo edificante de seu desejo de viver na pobreza, declarando que ele queria despojar-se de tudo aquilo que poderia ter ou possuir neste mundo. E, de mais a mais, ele declarou solicitar a toda a Ordem, como padre, em empréstimo ou esmola, a batina, a camisa e as outras vestes que ele estava vestindo. Ele não se levantou senão quando todos lhe responderam, um por um, que pretendiam e fariam o mesmo, doar como esmola tudo o que levavam consigo, tanto a cama e tudo o que estivesse em seu quarto. Nesse lugar, precisamente, não havia outra coisa que a cama com um colchão, uma pequena mesa, uma caixa, alguns livros e algumas imagens. Na comunidade, ele inculcava esse mesmo espírito de pobreza, fosse no uso dos objetos, fosse em sua conservação. Ele estava sempre muito atento para que nada estivesse estragado ou malversado, especialmente se fosse destinado aos pobres. Ele sabia que para agradar a Deus era necessário manter-se dentro da santa pobreza evangélica. Do mesmo modo, exortava a viver o voto da castidade: o asseio exterior era um sinal da pureza interior. Quanto ao voto da obediência, ele o amava ainda mais que o da pobreza, uma vez que o considerava uma "verdadeira porta" para a vida religiosa.

Apesar de ser superior-geral, ele se colocava à disposição de todos. Na cada da Madalena, ele foi visto muitas vezes ajudando na cozinha, colocando a mesa, ajudando de boa vontade um ou outro. No hospital, ele reservava para si a parte mais cansativa e repugnante do serviço. Com uma generosidade constante, oferecia-se e mesmo se submetia como primeiro a qualquer tipo de fadigas, motivando assim os religiosos a aceitarem encargos que muitas vezes eram difíceis.

Além da caridade, os 26 professos, que já haviam exercido ou *praticado* a visita aos doentes por dois anos antes de sua profissão perpétua, não deveriam ter outros desejos e nem outras aspirações. Ele os lembrou de ser vigilantes, uma vez que o servir aos doentes não deve ser feito com frieza, mas com caridade, paciência e humildade. Camilo lhes solicitava focar todos os seus cuidados no sentido de servir, ajudar e consolar os enfermos, uma vez que estaria ali o objetivo da Ordem que haviam escolhido. Para que eles se lembrassem disso sempre, ele lhes propôs esta máxima: "Aquele que serve aos enfermos e aos pobres, serve e assiste a Cristo, nosso Redentor".

O serviço aos enfermos nesse instituto podia compreender, geralmente, três tipos de ação: dois davam conta do interior dos hospitais, e um terceiro, do serviço fora do hospital. Esse último dizia respeito à assistência dos moribundos em suas próprias casas, o que nunca encontra maiores dificuldades e nem oposição da parte de Camilo e dos religiosos. Os serviços interiores nos hospitais eram tanto o ministério espiritual como os cuidados corporais.

O serviço espiritual tinha em vista a confissão dos pacientes hospitalizados, levar a comunhão a eles, dar-lhes a Unção dos Enfermos, acompanhar as pessoas no fim de sua vida, celebrar a missa na capela. O ministério corporal era duplo. De início, os cuidados de saúde: dar de comer, lavar a boca, aquecer os pés, arrumar as camas, pentear os doentes, fazer ou renovar os curativos. Camilo valorizava muito o fato de que todas essas tarefas fossem executadas, tanto por leigos (seculares) como por religiosos.

Como se fosse um novo professo, foi com fervor que Camilo, depois de sua profissão solene, colocou-se ao serviço dos enfermos. Era para ele já uma obrigação em virtude do quarto voto, ainda que antes isso fosse um *movimento* pessoal de caridade. "Não temais, pequeno rebanho!", exclamava ele caminhando com seus religiosos. "Virá um tempo em que nossa pequena família se espalhará pelo mundo e nosso Instituto gerará santos entre nós." O caminho estava aberto e começaram a aparecer os candidatos. Isso era uma felicidade uma vez que a tarefa era imensa, com todo tipo de dificuldades materiais. Se já havia duas casas: uma em Roma e uma em Nápoles, logo, logo não seriam suficientes para acolher os novos que estavam chegando. Em 1594, ajudado por alguns benfeitores nas finanças, Camilo organizou a abertura de duas novas fundações, uma em Milão e outra em Gênova, sempre tendo como missão o apostolado da visita aos enfermos dos hospitais da cidade e a assistência aos moribundos. Foi um período de esplendor para a Ordem, vivido com união e entusiasmo.

49

Hoje, os padres e irmãos da Ordem vivem em comunidades e têm as mesmas obrigações na formação religiosa, profissional e teológica. Eles seguem a Constituição camiliana que estipula no Artigo 43: "Nosso Instituto, por sua natureza, é formado por religiosos clérigos e religiosos leigos chamados por São Camilo de Padres e Irmãos. Eles têm por objetivo o serviço global do doente em todas as dimensões de sua pessoa. É a ele que nós voltamos todos os nossos cuidados, nossas capacidades e competências. Assim, dispomo-nos a assumir todo o serviço no mundo da saúde para a construção do Reino de Deus e para a promoção do ser humano". No espírito do Concílio Vaticano II, compartilham o carisma da caridade e do testemunho com leigos comprometidos, em suas diversas associações.

Sexto dia

CARISMA E MINISTÉRIO

Eu, Camilo de Lellis, faço a profissão e, diante de nosso Senhor Deus e diante de vós, diante da Santíssima Virgem Maria sua mãe e de toda a corte celeste, faço solenemente o voto de perpétua pobreza, castidade e obediência, e do que é o ministério principal de nossa Ordem, de sempre servir aos pobres enfermos, mesmo os atingidos pela peste (SPO p. 39).

Ainda hoje, a exemplo de seu primeiro superior-geral, os padres e irmãos camilianos pronunciam solenemente seus votos de religiosos, em que o quarto é específico, isto é, o de servir aos enfermos, mesmo com risco de suas vidas. A Ordem dos Ministros dos Enfermos tem por apoio o Evangelho de Jesus Cristo que, em toda a sua vida, mostrou preferência pelos pobres e doentes. Na primeira vez que nós o vemos na Sinagoga, não se coloca Ele a comentar essa passagem do profeta Isaías: "O Espírito do Senhor está sobre mim, porque o Senhor me consagrou com a unção. Ele me enviou a levar a Boa-Nova aos pobres, anunciar aos prisioneiros que eles estão livres, aos cegos que eles verão a luz, levar aos oprimidos a

51

libertação, anunciar um ano de graça do Senhor?" E Ele acrescenta: "Esta palavra da Escritura que vocês acabam de ouvir, hoje ela se cumpriu". Para Jesus, é hoje, é cada dia, que devemos servir aos pobres e aos doentes.

É fácil saber o que Ele fez então pelos enfermos: basta percorrer o Evangelho. Vemos a predileção de Jesus pelos doentes: Ele vai até eles, interessa-se por eles, sabe falar com eles, pergunta-lhes o que querem que Ele faça para eles. Às vezes, até mesmo, Ele se *complica* com eles, tocando-os quando a lei judaica proibia sob pena de incorrer numa impureza legal; Ele lhes impunha as mãos e os curava. Camilo teve essa atração pelos enfermos. Ele e seus companheiros os assistiam com ternura e respeito, e os consideram como seus senhores e seus mestres. Eles se colocavam como servidores ou ministros e era assim que eles deviam servi-los. Ele experimentava uma grande compaixão pelos que sofrem: doava-se a eles inteiramente, noite e dia. Enquanto que as mãos faziam sua parte, os olhos deviam estar atentos para tomar consciência daquilo que faltava ao enfermo e os ouvidos deviam abrir-se para atender suas ordens e seus desejos. O irmão deveria exortar esse pobre à paciência, rezando sempre a Deus por ele. Camilo adorava a oração. E para corresponder a sua vocação, ele queria que se rezasse pelos enfermos e pelos moribundos do mundo todo.

Seguindo Jesus no Evangelho, Camilo constatou em Marcos 6,30 que os apóstolos reuniam-se regularmente com Jesus para relatar tudo o que eles fizeram e ensinaram. Isso inspirou Camilo, uma vez que ele cuidava de seus religiosos, para que eles pudessem mostrar-se à altura e ser sempre dignos de sua vocação. Ele pedia regularmente, desde o início, que a cada 8 horas, acontecesse uma conferência sobre as necessidades dos enfermos. Todas as ocasiões eram boas para instruir seus discípulos. E ele deixava claro seu desejo de estar informado de tudo, a fim de que ao doente não faltasse nada.

Toda e qualquer pessoa de boa vontade pode seguir a trilha de Camilo e fazer suas experiências. Conhecemos outras grandes testemunhas da caridade que viveram como ele, sempre prontas a responder aos problemas da exclusão, da doença e da morte. A esse respeito, a santa mais próxima de nossos dias e desse apostolado, entre os moribundos abandonados por todos, é certamente a Madre Teresa de Calcutá. As reportagens que foram feitas sobre sua vivência ajudam-nos a imaginar melhor o que poderia ser a ação de Camilo, perfeito enfermeiro e mestre pleno na assistência dos doentes e dos agonizantes.

Seu apostolado não o abatia: ele mostrava alegria, a de servidor que sabe que é amado por Deus. Quando entrava no hospital, aparecia imediatamente transformado. Ele se sentia na santa vinha do

Senhor. Esquecia todas as tristezas, todas as dores, todas as preocupações. Sua face ficava radiante e refletia mais ainda a doçura, a esperança, em todos os lugares de Roma aonde ele ia, ali onde alguém sofria ou onde alguém morria. Seu carisma e seu ministério consistiam numa diaconia do amor a serviço dos doentes e dos moribundos. O leito do doente era o altar no qual se desenvolvia um *serviço*, uma liturgia atenta e afetuosa.

Por ocasião dos períodos de epidemia de peste, em 1589, trazida pelos inúmeros soldados infectados, ou por ocasião dos contágios, agravados pela fome que devastava Roma, Camilo mandava preparar vestimentas e alimentos em casa, em grandes marmitas, que depois ele ia levar com seus colegas aos mais necessitados da cidade. Em 1594, ele partiu às pressas para Milão, onde se haviam manifestado índices alarmantes de peste. Alguns queriam preveni-lo do perigo que estaria incorrendo. "Mas, é exatamente por isso que estamos indo!", respondia ele. Em 1598, na vigília do Natal, uma grande enchente do Tibre invadiu o hospital Santo Espírito. Os doentes assustados começaram a gritar e a implorar por socorro. Camilo, ajudado por seus, passou toda a noite buscando colocar em lugar seguro esses infelizes, transportando-os a andares superiores.

A novidade de seu apostolado impressionante e do de seus religiosos expandia-se. O papa Clemente VIII solicitou que Camilo enviasse seus religiosos para junto das tropas dos Estados Pontifícios na Hungria, em luta contra os turcos. Entre os soldados, a cruz vermelha dos camilianos apareceu mais de uma vez. Os religiosos mostravam-se de grande valia como capelães, como enfermeiros e como trabalhadores com ambulância. Alguns religiosos sucumbiram às fadigas e às intempéries. Não foi somente o caso deles, mas suas forças enfraqueciam-se e suas enfermidades causavam-lhes sofrimentos indescritíveis.

Apesar da reputação de todas as suas obras, Camilo deixava que as pessoas se aproximassem dele com facilidade: a simplicidade de sua linguagem e de suas atitudes facilitava o contato com os mais simples, bem como com os graúdos da sociedade ou da Igreja. A propósito, os cardeais Barônio e Tarugi, discípulos de São Felipe Neri, gostavam de se encontrar com ele, mas ele não tinha lá muitos momentos para convidá-los para sua casa para estender-se um pouco mais na conversa, o que eles teriam adorado.

A chave de leitura da vida camiliana é essa vocação especial à caridade, à renúncia, à vida segundo o Evangelho e ao voto de assistência aos enfermos. É o amor a Deus completado com o amor ao próximo que Camilo recomendava sem cessar a seus companheiros, levando-os a pensar que os enfermos seriam a pupila e o coração de Deus. O que eles fazem para os enfermos é a Deus mesmo que o fazem. O *Breve* da aprovação da Ordem do papa Sisto V foi explícito: "Entre as obras da caridade cristã, cremos que nenhuma agrade mais a Jesus Cristo, Redentor do mundo, que a de ajudar aos pobres enfermos do Cristo, em suas necessidades espirituais e materiais".

Sétimo dia

O CRUCIFIXO,
COMPANHEIRO DE VIDA

Este crucifixo me sustentou e consolou; claro, eu não merecia todas as graças que ele me concedeu. Foi primeiro Deus e depois minha perna doente que fundaram a Ordem, como é testemunha este santíssimo Crucifixo. Por isso, não passo nunca uma hora do dia sem me lembrar do Crucifixo e sem lhe pedir com uma grande confiança que me socorra, refugiando-me em suas santíssimas chagas (VAN n. 66).

Se Camilo experimentou muitas tribulações, ele também recebeu graças excepcionais que lhe deram forças para continuar em seu caminho, totalmente dedicado ao serviço dos mais abandonados pela sociedade de seu tempo. Sabemos, pelo manuscrito de seu primeiro biógrafo, seu contemporâneo, que num dado momento, no hospital São Tiago, desencorajado, esteve a ponto de abandonar tudo, se ele não tivesse logo em seguida recebido a ajuda e a consolação do Senhor.

Em 1580, Camilo recebeu um crucifixo bem grande que se tornou o companheiro inseparável de sua vida. Desde que manifestou seu desejo de reunir companheiros para o serviço desinteressado pelos doentes, ele transformou um quarto do hospital em oratório, com um altar e seu crucifixo. Cinco voluntários reuniam-se ali todos os dias para rezar e depois para receber de Camilo orientações espirituais e exortações relativas ao projeto que estavam empreendendo. Eles, depois, voltavam plenos de zelo ao serviço dos enfermos e dos pobres. Entretanto, um empregado mal-intencionado do hospital, invejoso por não ter sido convidado para esses encontros, denunciou Camilo aos responsáveis, levando-os a crer que esse grupo procurava assumir o poder ou o controle do hospital. Os administradores convocaram Camilo, exigiram que ele parasse essa reunião e saquearam o oratório. Essa defesa formal afligiu Camilo, ainda mais porque ele nunca tivera a intenção de armar um complô contra o hospital. Naquela mesma tarde, ele levou o crucifixo do oratório para seu quarto. Ele rezou, ajoelhou-se no chão e depois, vencido pela fadiga, adormeceu, e lhe pareceu ver o Cristo de seu crucifixo – esse que ele acabara de transferir para seu quarto – mover sua cabeça para lhe dar coragem e confortá-lo para seu projeto de fundação. Ele acreditava tê-lo ouvido dizer: "Não temas, pusilânime. Vai em frente! Eu te ajudarei e estarei contigo. Tirarei grande lucro desta provação".

Quando acordou, Camilo sentiu-se o homem mais feliz do mundo, reforçado por esse encorajamento de seguir sua empresa. Ele deu graças a Deus por se ver consolado desse jeito e foi encontrar seus companheiros que estavam ainda consternados. Ele lhes contou o que lhe aconteceu e suas certezas. Todos retomaram o entusiasmo pela obra. Eles continuaram a se reunir, não mais abertamente, mas à noite, em segredo, esperando uma solução mais propícia, na pequena igreja do hospital da qual o padre Profeta tinha as chaves, uma vez que era capelão. Algum tempo mais tarde, Camilo contou esses acontecimentos a um de seus amigos mais próximos. Ele o aconselhou a procurar um meio independente do hospital para poder agir melhor, isto é, deixar o hospital e abrir uma casa na cidade. Camilo concordou.

Pouco a pouco, Deus aclarava a visão de seu servo quanto ao modo de levar adiante seu projeto de fundação. Camilo o viu exatamente como um dom de Deus e não como uma tarefa que requeria habilidade humana. O amigo sugeriu-lhe deixar o estado leigo e ordenar-se padre. Para isso, ele deveria melhorar seu modo de se expressar e fazer cursos de gramática. Era necessário também encontrar um *protetor* para financiar seus estudos no Colégio Romano dos jesuítas. Por pura providência, um benfeitor apresentou-se e adiantou a soma necessária. Camilo viu ali o dedo de Deus e sentiu-se encorajado.

Ele, após os estudos, foi ordenado na Basílica de São João de Latrão. Celebrou sua primeira missa no dia 10 de junho de 1584, na pequena igreja do hospital São Tiago dos Incuráveis. De início, os responsáveis pelo hospital sentiam-se sensibilizados pelo fato que seu mordomo havia se tornado padre e nomearam-no capelão de sua igreja de Nossa Senhora dos Milagres, bem próximo dali. Entretanto, a direção do hospital não demorou a saber que Camilo buscava ir embora e viu com maus olhos o fato de que ele deixasse seu cargo de mordomo para fundar uma obra na cidade. Foi necessário fazer um acordo para que seus companheiros, que eram enfermeiros valorizados, não partissem todos ao mesmo tempo para se unir a ele. Os altos mandatários do hospital não concordavam com suas saídas e informaram isso ao padre Felipe Néri, que se recusou, com isso, a continuar a ser o confessor do grupo de Camilo. Ele então procurou outro padre, um jesuíta, exatamente no momento em que alguns padres acabavam de chegar a seu Instituto.

Camilo foi procurar seu querido crucifixo, que ele deixara em seu quarto, no hospital. Agora ele desejava levá-lo por todos os lugares aonde fosse, para lembrar dessa noite terrível da interdição, bem como da doce visão que ele teve. Ele foi buscá-lo e levou-o a passos lentos, em procissão, em pleno meio-dia, em praça pública, para espanto de todos. Agora, Camilo não desanimava com nada. Sua saúde não estava lá aquelas coisas. Ele devia procurar um outro lugar para morar, mais central. Ainda uma vez, graças à generosidade de outro doador, ele pôde encontrar a casa desejada, na rua romana cujo nome é via delle Botteghe Scure, em janeiro de 1585.

Todos esses fatos aumentaram em Camilo a certeza de que foi Jesus Crucificado que fundou a Ordem. Desde o início de sua vocação, ele falou de renunciar ao mundo e a suas tentações. Foi por isso que admoestou seus religiosos a guardarem bem impressa neles a Paixão do Salvador. Se a visão do crucifixo não fosse suficiente para mantê-los afastados do pecado, ele não saberia mais com o que ele poderia ajudá-los. Recomendou a eles que fossem vigilantes para lutar contra as más inclinações: de início, esforçar-se muito para dominar os cinco sentidos. Do gosto, por exemplo, é necessário lembrar a gulodice, que pode parecer anódina, mas seu controle é o início, o ABC da vida espiritual. Ele mesmo comia pouco e respeitava escrupulosamente o jejum durante o Tempo da Quaresma. Ele desejava que os religiosos, quando restauravam o corpo, observassem a temperança, a modéstia e a honestidade religiosa.

Camilo no hospital era até expansivo, mas fora dele era um grande amigo do silêncio. Para impedir a fofoca na casa, na cozinha ou na lavanderia, fazia-se a leitura de algum salmo ou de uma leitura espiritual. Por quê? Porque uma vez que se incorporavam esses hábitos, não se gritava mais, não se ria por qualquer coisa. Por outro lado, Camilo gostava de ir a liturgias solenes em alguma das basílicas de Roma. Se seus companheiros achavam que ele estava contente com um bom momento, e lhe perguntavam, ele concordava, mas os advertia que preferia outra música, aquela feita pelos pobres doentes no hospital, quando diversos clamavam juntos e diziam: "Padre, dê-me alguma coisa para fazer um gargarejo... Aqueça meus pés...".

Oitavo dia

A FORMAÇÃO INTELECTUAL

Compreendi que em nossa Ordem, os estudos são não somente desejáveis mas indispensáveis: a filosofia, a teologia, o ministério da palavra e a confissão na igreja. Trata-se de um verdadeiro serviço ao próximo. É para esse serviço que, certamente, precisamos de homens instruídos, capazes de poder ajudar aos habitantes das aglomerações que cercam as grandes cidades (CIC p. 68).

A fé de Camilo foi inimiga da ignorância. Se ele acreditava em todas as verdades da fé foi porque ele as conhecia; estudá-las e expandi-las foi seu mais ardente desejo. Sempre ávido pela Palavra de Deus, não faltou nunca aos domingos à assistência ao sermão e ao catecismo em alguma igreja de Roma.

Livro algum lhe era mais caro que o catecismo: ele o levava consigo e, mesmo sendo padre e geral da Ordem, ele o estudava em seus momentos livres percorrendo as salas do hospital. Ele adorava ensinar a doutrina cristã e se aplicava nisso com eficácia. Havia, a propósito, muitas credulidades supersticiosas circulando no meio do povo, muitas vezes até pela ignorância das verdades da fé. Ele mostrava sempre um grande zelo pela honra de Deus e pela salvação das almas; queria que seus religiosos fizessem o mesmo. Ele gostava muito da leitura espiritual. Na realidade, não lia outra coisa. Para ele, foi o verdadeiro alimento da alma. Durante seus deslocamentos, por terra ou por mar, dividia seu tempo entre a leitura, a meditação e a oração.

Ainda que Camilo não tenha feito lá grandes estudos, sempre agiu com o coração e com um grande conhecimento da alma humana. Queria formar seus religiosos para uma assistência que não fosse somente caritativa e devotada, mas também inteligente e verdadeiramente capacitada. Ele imaginava, com razão, que para servir perfeitamente, as intuições e os sentidos da caridade deviam ter também conhecimentos profissionais adequados. Depois da falta com a caridade, a ignorância foi o que mais o desgostava nos enfermeiros de seu tempo, fossem eles leigos ou religiosos. Com esse objetivo, elaborou métodos para assistir os doentes e os moribundos. Isso fez parte das Regras da Companhia (1585) e das do Grande Hospital de Milão, para servir em toda a perfeição os pobres enfermos (1614).

Entretanto, até aqui, Camilo continuava em dúvida quanto à admissão, pela Ordem, de estudos da Filosofia e da Teologia, do ministério da pregação e da confissão. Não havia senão um confessor nas igrejas em que os camilianos estavam encarregados, em Roma e em Nápoles, por temor que os religiosos camilianos se afeiçoassem demais a esse ministério em detrimento do serviço aos pobres e ao Instituto. Ele tomou uma decisão firme no que diz respeito a todos os professos, aptos a ser bem-sucedidos nos estudos, mas também para com todos os noviços. Por temor de uma morte súbita, ele advertia claramente seus companheiros que ele pensava que os estudos teológicos fossem um bom caminho para seu ministério, que eles não seriam um objetivo, mas um meio necessário para a realização mais perfeita de sua vocação.

Camilo deslocou-se para assegurar-se da aplicação dessa medida, não somente em Roma, mas também foi para Nápoles e para Milão. Se os estudos, bem como as funções eclesiásticas favoreciam a caridade, esta, entretanto, deveria sempre vir em primeiro lugar. Com efeito, os seres humanos acreditam mais facilmente no que eles veem do que no que eles entendem. Camilo tinha o costume de dizer que seus religiosos deveriam brilhar por sua ciência do mesmo modo como por seu amor a Deus e ao próximo.

Enquanto superior-geral, ele manteve um olho em seus estudantes, com receio de que seus estudos influenciassem negativamente em seu progresso espiritual ou que eles não viessem a ser vítimas do orgulho. Ele sabia que havia o perigo: a partir de sua experiência nos capuchinhos, lembrava-se de uma expressão de um dos discípulos de São Francisco, que exclamava: "Paris, Paris, você desfaz o gosto por Assis!"

No Século XX, o desenvolvimento científico favoreceu a expansão das pesquisas em todos os domínios. No campo da psicologia moderna, programas de desenvolvimento da personalidade, da escuta e da relação de ajuda passaram a existir. A partir da iniciativa dos religiosos camilianos, que nisso discerniram os "sinais dos tempos", e para corresponder à grande demanda dos agentes de pastoral, confrontados cada vez mais com questões éticas, fundam um primeiro Centro de Formação em 1983, em Verona, na Itália. Seu objetivo foi e ainda é o de contribuir para a formação daqueles que trabalham em favor do bem-estar da pessoa, de seu crescimento e de seu desenvolvimento global: profissionais do mundo da saúde, sacerdotes, religiosos, religiosas, voluntários, estudantes de teologia... Trata-se, nesses cursos, de compreender seu próprio itinerário pessoal, de reconstruir sua vulnerabilidade, de integrá-los de tal modo que sejam uma fonte de cura para os outros. É a experiência do "curador ferido".

Uma tomada de consciência sempre mais profunda da condição humana pode ser elaborada ainda sob os aspectos bíblicos, teológicos, pastorais, espirituais, éticos, psicológicos, sociológicos e históricos no Instituto Internacional de Teologia da Pastoral da Saúde, o *Camillianum*, de Roma, que foi fundado nos anos 1990. Ele faz parte da Faculdade Pontifícia de Teologia *Teresianum*, que, por sua vez, permite ciclos de estudos mais longos.

De acordo com sua preocupação com a formação permanente, os religiosos camilianos correspondem ao desejo de seu fundador, quando se esforçam para renovar constantemente sua própria vida espiritual, cultural e profissional, e completam suas competências para o exercício de seu ministério, para assim tornar mais eficaz seu apostolado. Além do mais, o Concílio Vaticano II, a partir de 1965, trouxe também um *sopro novo* e uma grande abertura para as ordens religiosas no sentido de acolherem a colaboração dos leigos, homens e mulheres, que testemunham assim juntos sua missão de batizados, aportando mais uma ajuda mútua, tanto na oração como na ação.

Efetivamente, a Grande Família de São Camilo é agora composta por religiosos, religiosas, leigos consagrados, leigos engajados e simpatizantes, todos eles envolvidos, seja profissionalmente, seja na forma de voluntariado, no mundo da saúde. Eles trabalham em comunhão e aprendem a se conhecer, encontrando-se a cada cinco anos, com delegações de quatro ou cinco representantes, o que acaba por ser muito estimulante para todos. Nestes tempos em que rememoramos os textos desse último Concílio, por ocasião de seu *jubileu*, gosto muito de meditar estes dois capítulos relacionados ao batismo que nos comprometem: "Cada cristão é um membro único e insubstituível do Povo de Deus. Todos os batizados são chamados à santidade participando da tríplice função profética, sacerdotal e real do Cristo" (*Lumen Gentium,* n. 31). "Eles – os cristãos – gozam de uma verdadeira igualdade quanto à dignidade e à atividade comum na edificação do Corpo de Cristo" (*Lumen Gentium,* n. 32).

Nono dia

PADRES DA BOA MORTE

Irmãos, lembrai-vos de que nosso ministério é angelical uma vez que os santos anjos eles mesmos ficam próximos dos moribundos para os defender, falando por vossa boca e vos sugerindo o que vós deveis dizer em seus derradeiros momentos (VAN n. 13).

Camilo desejava que cada Ministro dos Enfermos rezasse pelos enfermos e pelas pessoas em fim da vida, mesmo estando em seu quarto. Seria um modo suplementar de assistir e recomendar diante de Deus pela oração, todos os que morrem no mundo. Ele mesmo assim rezava: "Pai eterno, ofereço-vos a amaríssima Paixão de vosso Divino Filho pelos pecados do mundo inteiro, pelas necessidades da Santa Igreja, por todos os doentes e moribundos". Ele pedia que cada dia, diversos religiosos estivessem de vigília na casa, prontos a ir onde houvesse demanda por assistência aos que viviam seus derradeiros momentos. Eles o faziam com zelo e isso já era sabido. Por esse fato, as pessoas, em alguns lugares, davam aos camilianos o apelido de "Padres da boa morte", ou ainda, "Padres do morrer-bem". É certo, então, que os doentes sentiam-se seguros por sua presença, e as famílias consolavam-se mais facilmente ante a perda de um de seus membros mais próximos, sabendo que eles haviam sido bem acompanhados até em seus derradeiros instantes.

Camilo, ele mesmo, estava sempre preparado para todo e qualquer chamado, tanto de dia como de noite. Quando ele chegava perto de um moribundo, observava atentamente aquilo de que ele poderia ter alguma necessidade, depois rezava com os presentes. O quarto se tornava então um oratório de onde era banido qualquer discurso inútil e de onde deviam afastar-se todos os que criavam confusão. Ele dava ao doente o crucifixo para que esse o beijasse e depois o depositava de modo que a pessoa o visse de seu leito. Ele propunha algumas invocações e aspergia docemente o leito com água benta.

Normalmente, essa assistência aos moribundos era função especial do irmão enfermeiro espiritual. A Regra indicava para ele, até em detalhes, o que deveria fazer para desempenhá-la: se observasse que o estado do doente se agravava, ele fazia com que esse dissesse um ato de fé (que se chamava de *"as protestações"*), e avisava o sacerdote para o Sacramento da Unção dos Enfermos. Durante as últimas horas, um dos irmãos permanecia sempre junto ao doente, rezando em silêncio ou dirigindo-

-lhe palavras piedosas e encorajadoras. Entretanto, Camilo chamava a atenção de que não havia uma exortação especial a ser feita aos moribundos e que não servia para nada ficar falando muito para eles; seria melhor empregar uma parte de seu tempo para rezar e outra para lhes lembrar do arrependimento, do desejo de não mais ofender a Deus, da esperança na divina misericórdia, na perseverança na fé católica.

Camilo meditava especialmente na Paixão de Jesus Cristo na cruz. Ele encorajava a pessoa em fim da vida a permanecer forte nesse último combate, antes do encontro do Nosso Senhor. Pedia que ela pensasse em sua vida futura no Paraíso. Uma vez que o doente morria, Camilo não permitia que se lhe fechasse a boca logo em seguida, nem que se lhe fechassem os olhos, por temor de sufocá-lo... no caso em que não tivesse realmente morrido! Ele já vira isso! Ele ficava ainda ali, recitando algumas orações litúrgicas diante do corpo. Na manhã seguinte, celebrava a missa por esse defunto.

Camilo se preocupava até com aqueles que ainda estavam no hospital e lhes dava orientações. Ele pedia que se esperasse algumas horas antes de retirar os mortos de seu leitos, e depois, na sala mortuária, os corpos não deveriam ser amontoados sem respeito. Camilo chamava os hospitais de "o Mediterrâneo" de sua Ordem, enquanto que a assistência às pessoas em fim de vida nas casas particulares seria "um oceano" imenso e sem fundo, uma vez havia gente morrendo em todos os lugares.

A Bula de Gregório XIV de 1591 – que era a carta magna da Ordem – traz um longo epílogo sobre essa assistência espiritual nas casas privadas das pessoas. Camilo pensava também nos estrangeiros que morriam sozinhos, nos albergues, durante suas viagens: "Aprendemos por experiência que muitas dificuldades e grandes perigos, especialmente para a salvação da alma, assolam as pessoas que estão doentes fora dos hospitais e das prisões, especialmente os pequenos, as pessoas mais isoladas... De fato, queremos, com a ajuda de nosso Senhor Jesus Cristo, que sejam visitados pelos nossos. Antes que esses doentes percam os sentidos (a consciência), eles serão assim ajudados, segundo seu desejo, a fazer seu ato de fé. Quando a doença impera, que os irmãos vigiem de dia e de noite, que rezem por e com eles nesses momentos difíceis'.

Camilo se lamentava amargamente daqueles que, por temor de impressionar o doente, retardavam a solicitação da presença dos padres Ministros dos Enfermos para os Sacramentos, especialmente quando se tratava de uma situação grave e em que a pessoa estava ainda consciente. Isso não seria assustar; ao contrário, no mais das vezes, ela encontrava nisso – na visita do padre – paz e consolação. Ele sabia que já havia uma verdadeira presença que deveria estar ali no momento do último combate da vida, para levar à verdadeira Presença, a do Senhor. Um dia, quando assistia um doente em seus últimos momentos e invocou para ele Nossa Senhora, Camilo teve como que uma visão que descreveu para essa pessoa: "Meu irmão, eis a Santíssima Virgem Maria que vem em vosso socorro. E eis, vede isto, e tende isto como um conforto. Eis são Francisco que está de joelhos diante dela e reza por vós. Eis o coro dos anjos, toda a corte celeste, que intercede por vós".

Para esses momentos Camilo nunca esteve cansado. A certeza e o desejo da vida futura lhe davam um ardor novo que ele se esforçava para comunicar a seus religiosos, aos doentes, a todos. Sua força, ele a encontrava ou retirava do sacramento da Eucaristia e da recorrência à Palavra de Deus; recorria às passagens do Antigo Testamento, como a do profeta Ezequiel que afirma: "Desde o momento em que o pecador chorar e se arrepender, Deus não se lembrará mais de seus pecados". Quando ele via um enfermo hesitante e temeroso, Camilo podia dizer-lhe, com toda a confiança, que permanecesse firme em sua fé e que esperasse na infinita bondade de Deus. Todo pecador, por mais culpado que fosse, desde que mostrasse que se arrependera, podia obter a salvação. Ele adorava transmitir suas convicções e sua esperança, concluindo por: "Todos os pecados do mundo, comparados com a misericórdia de Deus e com os méritos infinitos do Sangue de Cristo, são menos que uma gota de água no meio do mar".

Cada ano, quando vinha a primeira segunda--feira da Quaresma – dia em que se lê na missa o Evangelho do Juízo Final –, Camilo gostava de assistir ao sermão sobre esse assunto e aconselhava a seus religiosos: "Meus Padres e meus Irmãos, ide ouvir falar da recompensa que Deus promete aos religiosos e, em especial, aos Ministros dos Enfermos. Muitas vezes, ele vai rezar e meditar sobre as tumbas dos camilianos mortos pensando: 'Ó! Se os padres e os irmãos sepultados pudessem voltar ao mundo, como eles seriam fervorosos, ordeiros e amigos dos pobres!'"

Décimo dia

INOVADOR PARA OS LEIGOS

Para a glória de Deus, na festa de Todos os Santos, iniciaremos a Congregação dos Seculares, para engajá-los e para que eles também possam fazer obras de caridade nos hospitais, ao serviço dos pobres enfermos (VAN n. 118).

Desde sua origem, a Ordem dos Ministros dos Enfermos encontrava-se imersa no clima de fervor da Reforma Católica, chamada também de Contrarreforma ou mesmo de Reforma Tridentina, uma vez que o Concílio de Trento fora, na realidade, uma etapa doutrinal essencial dela. Essa reforma se manifestou, especialmente, nos movimentos leigos. Os Séculos XV e XVI marcaram um tempo em que a Igreja abriu-se preferentemente aos leigos para lutar contra as novas pobrezas da sociedade renascentista: a ignorância religiosa, o abandono dos menores, o desinteresse pelos doentes mais pobres. Nesse contexto, predominam especialmente as figuras de Santo Inácio de Loyola, São Felipe Neri, São Carlos Borromeu e São Vicente de Paula.

São Camilo fundou o primeiro movimento de voluntariado sanitarista. Ele teve em mente o desejo de começar com uma Companhia de leigos.

Ele mesmo se inscreveu nesse primeiro grupo do hospital São Tiago dos Incuráveis. O objetivo desses homens de boa vontade era devotarem-se aos doentes, por amor a Deus e ao próximo, a fim de dar uma dimensão e aparência mais humana a esse hospital de Roma.

Pela *Bula* de 21 de setembro de 1591, Gregório XIV erigiu a até então Congregação dos Ministros dos Enfermos em Ordem Regular, livre e independente. O papa concedeu-lhe a faculdade plena de agregar leigos, clérigos e sacerdotes no exercício do ministério camiliano, fazendo com que participassem de todos os benefícios espirituais da Ordem.

Muitos fiéis sentiram-se atraídos pelo ideal da caridade para com os doentes mais pobres e pelos mais desassistidos, uma vez que viam o exemplo de Camilo e de seus religiosos nos hospitais. E, ainda que nem todos pudessem ser admitidos como religiosos, todos podiam participar do exercício das obras de misericórdia e da caridade. Graças a essa faculdade concedida pelo papa de agregar à Ordem os leigos, Camilo tomou a iniciativa de formar oficialmente sua própria congregação de seculares para estender o campo de suas obras. Ela foi erigida na casa Santa Maria Madalena, em Roma, no dia 18 de fevereiro de 1594. O diploma de agregação fornece-nos quatro indicações preciosas sobre a maneira em que, sob o impulso de Camilo, esse primeiro grupo de agregados voluntários organizou-se: eles têm um nome, deveres específicos a cumprir, um guia espiritual e uma residência onde eles podem encontrar-se.

A esses voluntários qualificados que escolheram ficar junto aos sofredores, segundo a maneira dos Ministros dos Enfermos, Camilo dá como padroeira a Imaculada Conceição. A Virgem Imaculada que, no dia 8 de dezembro de 1591 havia tomado pela mão a nova Ordem religiosa e a havia guiado em seus primeiros passos, protegeria agora também os novos agregados. Sob o olhar de Maria e sob sua proteção, sempre foi possível realizar o serviço aos irmãos enfermos, mesmo nas condições mais cansativas e as mais difíceis, se tivermos a ternura de uma mãe para levar aos demais a consolação e a esperança cristãs.

Os deveres específicos desses agregados eram os de exercer as obras de misericórdia e a caridade. Eles estarão, portanto, imersos na mesma atmosfera espiritual e no mesmo engajamento ativo dos Ministros dos Enfermos e esse serviço englobava o ser humano em suas necessidades espirituais e corporais.

Para que a Congregação dos Seculares fosse bem guiada, Camilo colocou à disposição dos agregados à Ordem, um religioso bem formado e de sólida espiritualidade. Por experiência, o superior-geral sabia que uma boa base cultural seria necessária para dar aos doentes sólidas razões para crer. Para poder contemplar no irmão doente a imagem do Senhor sofredor, os agregados deviam ser homens de uma profunda vida interior, a fim de encontrar na contemplação do Crucificado e da Mãe das Dores, a ternura maternal necessária. A presença desse religioso, ele mesmo portador de uma espiritualidade sólida, favoreceria para eles a frequência aos sacramentos e os levaria a praticar a caridade para com os doentes nos hospitais.

Apesar da pequenez da casa Madalena, os agregados daquele tempo tinham ali sua residência. E Camilo não receava solicitar a seus religiosos que compartilhassem com eles essa casa.

Isso vai durar apenas alguns anos, então não há mais leigos agregados durante quatro séculos. Foi somente depois do Concílio Vaticano II que um primeiro grupo da Família Camiliana Leiga nasceu, primeiro no Brasil, em 1970. Como não estava muito bem estruturado, não se desenvolveu muito. Entretanto, um padre camiliano austríaco, de passagem por este país, se interessou pela experiência, e quando retornou à Áustria, criou com sucesso grupos da Família Camiliana Leiga, que ele estendeu à Hungria e à Romênia.

Nos anos 1980, na Colômbia e no Peru, dois padres camilianos animaram grupos leigos, por ocasião dos programas da Pastoral da Saúde, voltados aos encarregados da mesma, nas paróquias. Em 1992, o Capítulo Geral da Ordem tomou consciência da importância da Família Camiliana Leiga e propôs o tema para a reflexão: *Unidos na mesma missão.* Em 1995, a partir do crescimento desses grupos em outros países, uma comissão central mista, formada por religiosos e por leigos, redigiu os estatutos gerais para um bom funcionamento da Família Camiliana Leiga no mundo. As pessoas que compunham esses grupos queriam viver sua vocação cristã conformando-se com o Cristo Misericordioso cuidando dos doentes. Esses grupos tinham uma realidade que lhes era própria: estavam organizados em associações. Eles se beneficiavam de um *acompanhador* espiritual camiliano ou de uma pessoa, padre, diácono, religioso, leigo, profundo conhecedor da missão pastoral e bem formado na espiritualidade camiliana. Depois de um tempo de experiência e de conhecimento da vida e da espiritualidade de São Camilo, os leigos que o desejassem, pronunciavam seu compromisso público, sob a forma de promessa, e não de voto, durante a Eucaristia. Depois disso, a formação do leigo engajava-se num processo de crescimento que visava enraizar-se e crescer como uma árvore. Com efeito, a dimensão espiritual desabrochou em dois movimentos: desenvolver suas raízes (os conhecimentos) e desenvolver

79

seus galhos (as ações para com os demais). Isso os levou a ter mais consciência de seu testemunho, sendo ao mesmo tempo criativos e flexíveis: ter um coração, mas ao mesmo tempo saber estruturar a relação com o doente, com a distância ideal. Os leigos comprometidos com a espiritualidade camiliana estão presentes nos países onde estão os camilianos: Argentina, Áustria, Benin, Brasil, Buquina Faso, Chile, Colômbia, Espanha, França, Haiti, Hungria, Itália, Madagascar, Peru, Romênia, Ucrânia, Uruguai... A lista não é completa e novos grupos nascem também em outros lugares.

Décimo primeiro dia

UM CORAÇÃO NOVO,
UM ESPÍRITO NOVO

Eis, pobres enfermos, eis vosso remédio! Preparai-vos para receber o Senhor, abri vosso coração, ide ao encontro do Rei do Céu, pedi-lhe o perdão de vossas faltas: foi a Deus que vós ofendestes. Em momento algum duvidai da presença divina... Adorai-o com todo o vosso coração, pedi que vos perdoe e que vos salve, uma vez que foi para isso que ele veio! (VAN n. 46B).

É a fé que permite encontrar Deus, encontrar-nos com nós mesmos, encontrar nossos irmãos. Nossos corações, nossas energias, nossas expectativas precisam ser renovadas pelo conforto da Presença do Senhor. A fé de Camilo era viva e não se alterou depois da conversão. Ele experimentava a necessidade de manifestá-la, de comunicá-la, especialmente aos doentes do hospital. Gostava de retomar a narrativa dos Discípulos de Emaús que se haviam deixado perturbar pela dúvida antes de conhecer Jesus na fração do pão. Com efeito, eles não tinham ainda compreendido que, segundo as Escrituras, era necessário que Jesus ressuscitasse dos mortos. Ora, então um desco-

81

nhecido se juntou a eles, caminhou com eles sem dizer nada: Ele deixou que contassem sua versão da confusão que acontecera em Jerusalém, a morte de seu amigo. Foi somente quando eles acabaram de falar que Ele comentou os eventos, evocando as profecias. Eles estenderam esse encontro, convidando o homem a compartilhar da refeição e foi nesse momento em que Ele fracionou o pão que eles encontraram esse Jesus que haviam conhecido. Seus olhos, seu coração e sua inteligência se abriram. Eles voltaram a ser de novo entusiastas: "Nosso coração não queimava em nós enquanto Ele nos falava no caminho e nos fazia compreender as Escrituras?" Decidiram imediatamente voltar a Jerusalém para compartilharem sua alegria com os demais discípulos. Quando Camilo celebrava a missa para os enfermos e com eles, explicava-lhes que são também, cada um deles, convidados a essa mesma renovação do coração e do espírito. Era uma catequese para todos.

O centro e o ponto mais alto da fé era esse encontro, na Eucaristia, esse coração a coração com Deus, o Totalmente Outro, com o outro, o próximo que deveria ser amado e ajudado. Camilo foi um propugnador da comunhão frequente, duas vezes por semana, segundo o que era concedido na época. No hospital Santo Espírito, onde ele passava a maior parte de seus dias, e às vezes mesmo suas noites, no andar térreo, o amplo salão dos enfermos possuía, em seu centro, um altar com um tabernáculo e, do lado do mesmo, um órgão. Quando Camilo chegava ou quando ele saía do hospital, ou nos momentos livres, ele ficava ali, profundamente recolhido, gastando tempo em adoração. Quando um enfermo solicitava-lhe um medicamento, ele indicava o tabernáculo e respondia que ali estava o verdadeiro médico. Ele mesmo confiava todas as suas intenções a Jesus Eucarístico. Quando celebrava a missa, sua emoção era visível; ele pausava as palavras, o som de sua voz, ele acentuava as palavras com muita expressão.

Cada primeiro domingo do mês, Camilo organizava uma missa com os enfermos no salão. Desde a véspera, os enfermos, bem como o pessoal que trabalhava no hospital, podiam preparar-se para a missa com a confissão. De manhã bem cedo, trocavam-se os lençóis dos enfermos, as camas eram postas em ordem, o salão era varrido e enfeitado. Antes e depois da missa, Camilo julgava que devia dizer algumas palavras. Os cantores que ele convidava, vindos das diversas paróquias de Roma, eram acompanhados ao órgão e entoavam melodias de Palestrina ou de outros autores. Depois que ele mostrava a hóstia dizendo: "Eis o Cordeiro de Deus...", Camilo dizia de novo com grande convicção à assembleia: "Eis, pobres enfermos, eis vosso remédio...". Ele os encorajava a receber o Senhor, a rezar e adorá-lo em silêncio. Muitos leigos voluntários faziam-se presentes. Munidos de tochas acesas, eles faziam a escolta do Santíssimo Sacramento. Algumas pessoas que não faziam parte do hospital também estavam presentes.

O zelo que Camilo demonstrava ia muito além da simples devoção. Isso provinha do fato de que ele mesmo experimentara o amor misericordioso de Deus por ele, e desejava para todos os que viviam com ele essa felicidade em plenitude, deixando-se transformar totalmente em seu interior, com sua inteligência, com sua vontade e seu coração. Desejava favorecer em todos uma atitude de acolhida e de intimidade para com Deus que convida a cada um, a partir do texto expressivo do Apocalipse, 3,20: "Eis que estou à porta e bato: se alguém ouve minha voz e abre a porta, entrarei em sua casa e cearei com ele, e ele comigo". Quem não teria inveja de tal momento com Deus?

Quando entrava ou saía da casa Madalena, Camilo passava pela igreja com a intenção de saudar Jesus no tabernáculo. Fazia a mesma coisa quando se deslocava numa das casas da Ordem. Antes do início de uma missa, pedia a seus companheiros para respeitarem o silêncio e, depois da comunhão, todos deveriam passar um quarto de hora em oração, em ação de graças. Ele tinha um grande desejo de despertar os jovens religiosos para que se sentissem totalmente atraídos pelo Cristo misericordioso, e que se configurassem a Ele pela oração, para que assim se tornassem sempre pais disponíveis ao serviço do Reino. Jesus então se tornaria mais que um modelo a ser imitado: seria a própria motivação de suas escolhas de vida em favor dos enfermos. Isso está claramente indicado na Constituição da Ordem, no número 13: "Para realizar com proveito este serviço... nós buscamos penetrar de modo sempre mais íntimo no mistério do Cristo e cultivar a amizade pessoal com Ele".

A oração de Camilo era simples e fácil, pelo menos na aparência. Apesar de tudo, ele também experimentou a aridez espiritual. Advertia os noviços quanto às alegrias e às dificuldades que se podem experimentar na oração. Se eles se sentiam felizes, que não se esquecessem de dar graças por viver essa bela devoção e por receber a consolação do Espírito. Se essa não fosse a situação, não seria o caso de pararem de rezar por isso. Muito pelo contrário. Para tanto, seria desejável, então, procurar outros modos de rezar e até mesmo outros lugares onde se sentissem à vontade para isso: um oratório, uma capela, recitar o rosário, cantar ou recitar um salmo, contemplar um crucifixo ou um ícone, andar na bela natureza... Cada um deveria procurar e perseverar no caminho da oração e do encontro com Deus.

85

A fé impulsiona a ação por amor a Deus e ao próximo. Camilo não abandonou jamais sua fé na divina Providência. Em 1612, em Buquiânico, Camilo encontrou algumas provisões que os religiosos mantinham ciosamente escondidas. Imediatamente, ele mandou que se distribuísse tudo aos pobres. "Dai aos pobres e Deus vos doará". Era essa sua maneira de agir. A partir desse dia, nunca faltou o necessário para aquela comunidade.

Décimo segundo dia

BEM-AVENTURANÇAS E PRODÍGIOS

Feliz e afortunado o Ministro dos Enfermos que dispuser sua vida para este santo serviço, as mãos sujas pelas obras da caridade! Felizes e bem-aventurados os Ministros dos Enfermos que saborearem este santo licor do Céu: as obras de caridade nos hospitais! Felizes são vocês se uma lágrima, um suspiro, uma bênção desses pobres enfermos vos acompanhar no tribunal diante de Deus! (VAN n. 16).

Só de ver Camilo feliz em sua vocação, é já um testemunho. As palavras brotam muitas vezes de seu coração para expressar sua alegria na escolha de vida junto aos enfermos: "Mal e mal coloquei os pés no hospital, dizia ele com frequência, que já me sinto curado de todos os males. É o hospital Santo Espírito que é meu jardim". Outras vezes, quando ele devia ficar ali à noite, ele lembrava de seu quarto, o qual ele falava de seu "ninho" do hospital. Ter uma fisionomia radiosa, isso faz bem a todos e especialmente para aqueles com quem se passa o tempo: os feridos, os aleijados, os mudos, os surdos, os estropiados e tantos pobres de sua época que se alegravam com sua chegada; os cegos mesmos sentiam sua presença e o chamavam, saudando-o pelo nome.

Ele os reconfortava, cuidava deles e não se esquecia de exortá-los em sua fé. Ele não se perguntava se ele trazia uma presença benéfica: ele era presença, uma vez que estava habitado pela Presença do Senhor. Afeiçoado ao Evangelho de Jesus Cristo que quer o bem de todos, Camilo utilizava expressões entusiasmadas para louvar a vocação dos Ministros dos Enfermos. Algumas entre elas, como as três citadas acima, podem ser consideradas como suas "bem-aventuranças", tal o modo como elas concordam com as palavras conhecidas de Jesus, mencionadas no Evangelho de Mateus. Imaginemo-nos presentes na Galileia, no monte que leva seu nome (bem-aventuranças), a 200 m do lago de Tiberíades, escutando o Sermão da Montanha que fez Jesus a seus discípulos. Busquemos compreender o que elas nos dizem ainda hoje e por que Camilo foi assim tão impregnado por elas: "Felizes os pobres em espírito". A pobreza interior proporciona alegria, uma vez que ela consiste em ser uma página em branco sobre a qual Deus escreve o que ele quiser.

"Felizes os mansos." A verdadeira doçura é uma espécie de força ou de violência controlada. A verdadeira mansidão é a dos fortes. Ela faz com que Deus reine sobre a Terra; ela torna as pessoas felizes, alegres.

"Felizes os que choram." Jesus diz em outro lugar: "Vinde a mim vós que penais sob o peso do fardo e eu lhes darei repouso. Tomai sobre vós meu jugo... Sim, meu jugo é fácil de ser carregado e meu fardo, leve". Sim, Jesus consola os que choram, dá repouso aos que penam; Ele gosta de proporcionar a alegria aos seus que aceitam ir a Ele, confiar nele.

"Felizes os que têm fome e sede de justiça." Se amarmos a justiça do mesmo modo que Deus ama, conciliando-a com a caridade, então a alegria brotará do coração e não poderemos ser outra coisa que felizes.

"Felizes os misericordiosos." Essa bem-aventurança confirma e amplia a precedente. A misericórdia, que engloba a compaixão, o perdão, proporciona a alegria tanto àqueles que se beneficiam dela como àqueles que a praticam.

"Felizes os de coração puro." A pureza de coração nos capacita à contemplação de Deus no silêncio amoroso. É a visão de Deus que purifica o coração. Quando estamos face a face com Deus, como é que não poderemos ser felizes, como não nos alegrar?

"Felizes os que promovem a paz." Para irradiar a paz, é necessário ter a paz do corpo, a paz do coração, a paz da alma. É necessário que a paz habite em nós.

"Felizes os que são perseguidos por causa da justiça." E Jesus acrescenta: "Alegrai-vos e exultai porque recebereis uma grande recompensa no céu".

Lemos também nos Atos dos Apostos que eles mesmos – os apóstolos – saindo do grande conselho, partiram alegres por terem sido julgados dignos de sofrer humilhações em nome de Jesus (5,41). Ao contrário do que pensamos, muitas vezes, o sofrimento e a alegria podem vir lado a lado.

Uma condição essencial para ter essa alegria é amar Jesus. "Se me amásseis, haveríeis de alegrar-vos, porque vou para o Pai, pois o Pai é maior do que eu" (Jo 14,28). Os discípulos amam Jesus e Ele, ciente da fraqueza, deles, prepara-os para sua morte, anunciando seu retorno para o Pai. Quando se crê na vida eterna, pode-se pedir ao Senhor a graça de transfigurar nossa dor pela perda de alguém querido.

Foi, sobretudo, no fim da vida que Camilo mostrou sua alegria. Quando alguém lhe perguntava como ele se sentia, contra qualquer expectativa, ele respondia: "Bem e alegre, especialmente por ter recebido a boa notícia, segundo a qual estou andando a passo acelerado e que a viagem é para o Paraíso. Por que não estaria alegre, essa notícia não é a melhor que eu poderia receber?"

A oração de Camilo e a alegria que decorria dela sinalizavam uma constante adesão de sua alma a Deus. Quando ele rezava, não se notava nada de extraordinário a não ser seu esforço para obter um recolhimento interior. Era um homem familiarizado com o Espírito Santo; sua alma se tornara dócil aos impulsos da graça. Ele gostava de dizer com reconhecimento: "Senhor, tudo o que fui, o que sou e o que serei, tudo me veio e me vem de vossa graça!" Sem o amor pelos outros, não podemos encontrar uma alegria profunda. É o próprio Jesus quem o afirma: "Eu vos disse estas coisas para que minha alegria esteja em vós, e vossa alegria seja plena" (Jo 15,11).

A divina Providência, no mais, operou em Camilo prodígios dos quais ele não se vangloriou pessoalmente, uma vez que sabia de onde eles vinham. Constatamos 18 ao longo de sua existência, entre os quais diversas multiplicações de alimentos em tempos de fome. O mais importante desses foi o que passou a ser chamado de "milagre das favas", para os moradores de Buquiânico, sua cidade natal; nesse lugar ainda ele retirou operários de debaixo das ruínas de uma casa. Em outras ocasiões, no mar, ele acalmou por duas vezes tempestades, salvando assim muitas vidas. Ele obteve ainda um grande número de curas de gangrena, de cegueira, de paralisias e feridas diversas. "Viva o padre Camilo!", exclamava um de seus portadores de males incuráveis. Impossível fazer calar esse homem totalmente feliz por encontrar o bom padre que o aliviou de seus sofrimentos. "Mas foi Deus que te curou e não eu!", insistia o bom padre, retirando-se do lugar. Camilo assumiu também a defesa dos animais maltratados que encontrava em suas viagens ou caminhos. Se via um cão abandonado, ele o entregava a um camponês, recomendando-lhe que dele o cuidasse, lembrando-lhe que também o cão era uma criatura de Deus. Em sua região natal, ele é representado muitas vezes com um cordeiro que havia recolhido e que havia aquecido com seu capote. A inocência desse pequeno animal reavivava nele a imagem de Jesus, o Cordeiro de Deus.

Décimo terceiro dia

A RAINHA DOS MINISTROS
DOS ENFERMOS

Em vossas mãos, ó Maria, confio os pedidos que faço a Deus; de vós espero sua realização... apesar de nossos pecados, uma vez que temos no Céu essa advogada poderosa! Ela é a depositária de todas as graças que provêm das mãos de Deus (VAN n. 67).

Camilo, depois de sua conversão, nutriu uma devoção terna pela Santa Virgem Maria e recorria a ela com confiança. Foi a ela que ele atribuiu a graça de sua conversão, no dia 2 de fevereiro de 1575, Festa da Purificação de Maria. Foi dela que ele recebeu a primeira inspiração da fundação, em 1582, por ocasião da festa da Assunção. Foi junto a um de seus santuários, o santuário de *Nossa Senhora dos Milagres*, que a Companhia nascente encontrou sua casa. Foi na oitava da Natividade de Maria, em 1584, que Camilo vestiu o hábito, bem como seus primeiros companheiros. E, por fim, foi na festa da Concepção de Maria, no dia 8 de dezembro de 1591, que com outros 25, pronunciou os votos solenes. Em comemoração desses sinais, vividos como favores de Nossa Senhora, ele estabeleceu em 1599 que em toda a Ordem, à véspera da festa da Concepção da Virgem Maria, se fizesse jejum, em memória de sua fundação, e que o dia da festa fosse soleníssimo.

De modo especial, Camilo sentia-se tocado pelas diversas meditações a respeito do tema de Maria no Evangelho: o da Anunciação, em que tudo começa por um "sim", seguido do da Visitação. Maria acabava de dar seu consentimento ante as palavras do arcanjo Gabriel; ainda meditando "em todas estas coisas em seu coração", ela parte às pressas para a casa de sua prima Isabel, já idosa, sabendo que estava grávida. Isabel e Maria reconheceram Deus nesse encontro e é o *Magnificat*, a alegria, a confiança ao máximo. Depois, vinha a meditação do mistério da Encarnação quando Jesus, o Salvador do mundo, escolheu a condição humana, a mais humilde e a mais pobre, para que ninguém tivesse receio de aproximar-se dele. Maria foi antes de tudo um modelo pela qualidade de sua presença que a levou até ao pé da cruz.

Se amamos alguém, buscaremos de infinitas maneiras dizê-lo e mostrá-lo. Camilo, uma vez ordenado padre, quis celebrar sua primeira missa no altar da Virgem, na capela do hospital São Tiago, em Roma. Em seus deslocamentos, manteve o hábito de celebrar a missa num altar de Nossa Senhora, especialmente quando visitava um lugar mariano. Assim ele fez diversas peregrinações a Loreto, um dos santuários mais visitados da Itália, e quem sabe, da Europa, para implorar certas graças que ele muito gostaria de alcançar, e para promessas ou simplesmente para satisfazer sua devoção. Às vezes, parecia que ele não poderia ir embora desse santuário e, enquanto se afastava, não parava de saudá-lo, até o momento em que perdia o santuário de vista. Outra vez, não hesitou em prolongar seu caminho para ir a uma capela dedicada a Maria. Ele levava sempre em sua cintura um rosário e queria que todos os seus religiosos fizessem o mesmo. Apesar de todas as fadigas e ocupações, ele nunca se dispensou de rezar o terço, muitas vezes até andando nas ruas. Ao som do *Ângelus*, descobria a cabeça, mesmo quando chovia ou quando o sol era muito forte. Ele rezava não se importando com o lugar nem com as pessoas, sem problemas com o respeito humano. Do mesmo modo, ele não passava diante de uma imagem de uma estátua de Nossa Senhora ou de um santo sem saudá-la.

Foi com naturalidade que Camilo falou muitas vezes de Maria aos religiosos e aos voluntários leigos nos quais inculcou sua devoção. Ele distribuiu medalhas, terços bentos aos benfeitores, como reconhecimento por seus trabalhos, e aos fiéis, para atraí-los à Igreja. No hospital São Tiago, ele fez com que fossem recitadas a cada tarde – noite – as ladainhas de Nossa Senhora. Quando dizemos "Eu vos saúdo Maria" (Ave, Maria)..., continuamos com "Santa Maria, rogai por nós, agora e na hora de nossa morte...". Muitas vezes, na cabeceira de pessoa em fim de vida, Camilo como nós, rezou para pedir a Maria que o fim da existência desse enfermo fosse o melhor possível. Mais exatamente, Camilo desejava que eles fizessem um verdadeiro "Encontro" com o Senhor. Em diversas ocasiões de perigo, por ocasião das viagens e das grandes intempéries, Camilo dizia simplesmente, com grande fé: "Ó, bem-aventurada Virgem Maria, ajudai-nos num tal perigo". Confiante, ele repetia muitas vezes: "Deixemos que Deus faça e recorramos a Nossa Senhora".

Durante sua última enfermidade, ele fez virem junto a seu leito cada tarde, alguns religiosos para rezar com ele. "Mãe Santíssima, acrescentava ele, obtende-me de vosso Filho, a graça de suportar de boa vontade todas as minhas dores... Mãe de Misericórdia, pela constância que vós mostrastes pela permanência ao pé da cruz, e vendo vosso Santíssimo Filho crucificado e morto, obtende-me esta graça, isto é, que minha alma se salve".

No fim de sua vida, Camilo pediu que dependurassem um pequeno quadro, uma espécie de ícone da Misericórdia de Deus e do amor materno de Maria por ele. O Cristo crucificado derrama seu sangue pelas feridas dos cravos e do lado, sob o olhar benevolente do Pai e do Espírito Santo, e, sob a cruz, sua Mãe implora por Camilo, ajoelhada a seus pés. Seu primeiro biógrafo, Cicatelli, escreveu que, na noite precedente a sua morte, Camilo pegou seu quadro, que ele pedira para dependurar e, depois de ter recomendado sua alma ao Crucificado, voltou-se para Nossa Senhora das Dores, implorando ainda que lhe obtivesse sua salvação. Abraçando em seguida o quadro com grande fervor, ele abraçou também o Santíssimo Crucificado, e os pés de sua mãe.

Ele sempre foi fiel a Maria, até em seu testamento espiritual: "Deixo minha vontade nas mãos da Virgem Maria, Mãe de Deus onipotente, e busco não querer nada que não seja aquilo que quer a Rainha dos Anjos; eu a escolhi por minha protetora e minha advogada, pedindo, em virtude de sua clemência, que acolha esta escolha e admita sob sua guarda e proteção". Ele deixou como recomendação a seus filhos religiosos honrar sempre mais a Santíssima Virgem Maria. Esses, mais tarde, não faltaram com esse compromisso, e uma de suas lembranças mais queridas foi a de serem os primeiros, como o reconheceu a Santa Sé, a celebrar em 1784, em sua igreja em Ferrara, na Itália, o mês de Maria de forma pública e solene.

No dia 16 de novembro de cada ano, os religiosos camilianos festejam solenemente a Virgem Maria, sob o título de "Nossa Senhora, Saúde dos Enfermos", *Salus Infirmorum,* em latim. Essa invocação figura nas ladainhas da Santíssima Virgem Maria depois do Século XVI, mas ela fora traduzida de um modo diverso por *Salvação dos Enfermos*. E eles acrescentam esta oração: "Fazei com que teus ministros, Senhor nosso Deus, possuam a saúde de alma e de corpo e, pela gloriosa Virgem Maria, sejam eles libertos das tristezas deste mundo e gozem das alegrias da eternidade".

Décimo quarto dia

O MINISTRO SOFREDOR

Declaro que quero suportar o sofrimento e ter paciência em todas as coisas por amor àquele que quis morrer por mim na Cruz, e aceito não somente a inapetência pelos alimentos, as noites agitadas, as incompreensões, mas quero também obedecer aos que me assistem agora por amor a Deus. Pretendo aceitar com paciência todos os medicamentos amargos, todo tratamento doloroso, todo tormento até a agonia da morte mesma por amor e por Jesus, uma vez que Ele suportou por mim um sofrimento bem maior (SOMM p. 226).

No momento dessa declaração, Camilo se encontrava na casa Madalena; foi por ocasião de sua última enfermidade. Ainda que nem tivesse 64 anos, ele sentia o peso dos anos, das fadigas excessivas e de suas enfermidades, às quais ele chamava "misericórdias", sendo que a pior fora a chaga em sua perna que lhe causara dores inauditas. Ele, que teve tanto cuidado pelo corpo dos outros, nunca teve compaixão pelo seu, que muitas vezes chamou de "irmão asno". Quanto ele ficou de cama, murmurava frequentemente: "Deixemos sofrer este pobre asno, por amor de Deus".

Dessa vez, o médico pronunciou-se, fazendo-lhe saber que, mesmo que a situação pudesse durar ainda um pouco mais, ele não sararia mais. Ele acolheu a notícia "bem e alegremente"; um alívio, pois foi o anúncio de um ente querido face a face com seu Senhor. Como o salmista, ele queria cantar: "Que alegria quando me disseram: vamos à casa do Senhor!" Entretanto, curiosamente, ele teve ainda um último embate que não aconteceu facilmente: com efeito, na manhã, quando escutou a campainha tocar na hora da saída dos confrades para irem ao hospital, ele sentiu como que um surto de inveja. Ele não estava à vontade nessa nova etapa, a de aceitar seu estado físico desesperador, uma vez que isso o impedia de ir ter com seus queridos irmãos enfermos. Ele esperava o retorno dos religiosos com impaciência, os interrogava sobre tudo e sobre todos e exclamava: "Como vocês são felizes de terem ido à santa vinha!" Essa renúncia custou-lhe muito ainda, depois que ele já tivera tanto de lutar em toda a sua vida contra um número infinito de obstáculos, que fizeram com que ele sofresse de mil maneiras. Ele teve de suportar sua saúde precária, sua natureza impetuosa, seu zelo julgado excessivo, as incompreensões, as desconfianças e também as amarguras, sem contar os eventos que se mostraram contrários a seus desejos.

Estando já no hospital São Tiago, com dificuldade descobriu seu projeto de constituir uma Companhia de voluntários, e foi visto então como sendo alguém que queria *assaltar* a direção do hospital; ele se dominou para não abandonar tudo. A isso, acrescente-se a *prova* de suas diferenças com seu confessor Felipe Néri, que o chamou de "limitado, iletrado, incapaz de conduzir outras pessoas", recusando-se a ser seu confessor. No que diz respeito ao nascimento da Ordem, podemos dizer que ela foi fruto de sua oração e de sua perseverança. Ele chegou a segredar a algumas pessoas próximas que essa obra, que ele compara a uma *plantinha*, valeu-lhe lágrimas e noites inteiras de orações de joelho em terra. No meio dos sofrimentos e das esperanças, ele teve também consolações: pessoas que reconheceram e admiraram todo o seu devotamento aos Ministros dos Enfermos e a visita à casa da Madalena, do padre Felipe Neri, que exclamou em sinal de aprovação: "Padre, o sucesso desta obra me parece ter em si um milagre; isso ultrapassa o saber e os meios humanos". Nessa Congregação, depois da fundação, isso é certo, as preocupações e as dificuldades nunca faltaram para manter e formar os religiosos, bem como para delimitar o ministério do Instituto. Ao mesmo tempo, as reclamações dos credores sempre foi uma das maiores fontes de dissabores para Camilo. Ele recebeu de sua parte afrontas e ameaças, uma vez que muitas vezes se encontrava na impossibilidade de pagar.

Quando os Ministros dos Enfermos, em 1586, fizeram as primeiras saídas por Roma, depois da aprovação de seu hábito, da cruz vermelha camiliana, isso provocou um espanto e algumas gozações dos romanos. Alguns acrescentaram algumas palavras, chamando os *Ministros dos Enfermos* de *Ministros dos Infernos* (em italiano os termos são bem próximos: *infermi* e *inferni*). Ridicularizavam-nos também quando em suas missões eles eram vistos como "vagabundos perdendo tempo na cidade". Nos hospitais, muitos não compreenderam Camilo e seu espírito de caridade plena; alguns o trataram como homem chato, cabeçudo, nunca satisfeito com nada, não pensando em outra coisa senão nos pobres e em suas necessidades. Entre os enfermos, até entre eles mesmos, encontrou obstáculos múltiplos a seu desejo de fazer o bem, uma vez que muitas vezes existiam ali pessoas grosseiras, sem delicadeza, que não pouparam reprovações e insultos. Até suas visitas às casas das pessoas não foram sem encontrar ingratidão, pessoas interesseiras, suspeitas e até mesmo supersticiosas. Todas essas tribulações fizeram parte de sua vida, modelaram seu ser mais profundo, nutriram sua oração e deram uma orientação nova a sua Congregação.

Se Camilo exortou muito aos outros serem fortes em seu fim de vida, ele não passou seu momento sem tormentos e, sobretudo, quanto ao juízo de Deus. Nesses dias de julho de 1614, ele se sentia como que oprimido: nada fazia com que seus temores se dissipassem nem lhe dava garantias. Ele ainda tinha remorsos de sua juventude dissipada, do tempo que havia desperdiçado, e sempre esteve convencido de ser "um grande pecador digno de mil infernos". Pelos sacramentos, Deus veio habitar com sua presença esse tempo de angústias muito humanas. Camilo quis ainda confessar; a cada falta que ele acusava, ele batia tão forte em seu peito, que seu confessor teve de segurar seu braço. Camilo acrescentou: "Será um grande milagre da divina Misericórdia se ela me perdoar e me conceder o Purgatório até o Juízo Final". Quando acompanhamos nós mesmos as pessoas em fim de vida, somos testemunhas desses milagres da paz de coração, que provêm da fidelidade a Jesus Cristo, o divino médico dos corpos e das almas, que tanto "ontem como hoje, é o mesmo" (Hb 13,7). Camilo foi o fio condutor da oração contínua e de sua fé na clemência do Senhor. Ele acreditava na vida eterna para ele mesmo, para seus religiosos, para seus queridos enfermos, para todos. Por sua atitude e por suas palavras, ele foi, até durante sua enfermidade, pastor de almas, para aqueles que se aproximaram dele: "É necessário que localizemos no Céu nossa esperança e todos os nossos pensamentos". Ele se exauriu no dia 14 de julho de 1614, tendo realizado sua grande obra e tendo ensinado aos religiosos de sua Ordem a ser contemplativos na ação, totalmente devotados no alívio de todos os sofrimentos, sejam eles físicos, psíquicos e espirituais, de todas as pessoas, mas especialmente dos diminuídos.

Décimo quinto dia

O TESTAMENTO ABRE-SE
PARA O FUTURO

Parece-me que faltaria com meu dever se, antes de terminar minha vida, eu não vos dissesse, com toda a simplicidade e correção, o que experimentei e o que experimento a respeito de nossa santa Ordem, para que caminhemos todos com correção e na fidelidade do que Deus quer de nós. Ele nos pede que não enterremos o talento tão preciso que o Senhor colocou em nossas mãos, para que obtenhamos a santidade durante a vida e a glória eterna. Há ainda uma outra razão: falando em consciência e em verdade, podemos dizer que esta fundação foi realizada de um modo miraculoso em vista da glória de sua Divina Majestade e de um grande número de almas e de corpos de nossos próximos. É uma fundação muito necessária para a cristandade, absolutamente segundo o Evangelho e a doutrina do Cristo nosso Senhor (SOMM p. 216).

"**O** que me chama a atenção a propósito dessa passagem da Carta-Testamento de São Camilo, diz o padre Thierry de Rodellec, camiliano da Província da França, quando interrogado sobre esse assunto, é esta palavra do "experimento". São

105

Camilo quis falar daquilo que ele experimenta e não daquilo que ele quer. No fim de 15 dias passados em oração com São Camilo, como foi proposto por este livro, pode ser bom que cada um se ponha pessoalmente essa questão, e também provar dessa "experiência": onde estou em minha vida, pessoal, religiosa, de esposo, de esposa, de associado?

É interessante notar que São Camilo lançava-se nessa aventura num momento crítico, em que ele estava gravemente enfermo e tomava consciência de que a vida ia se completar. Ele se sentia livre para expressar o que fora a vida para ele. Na perda da saúde, o tempo podia ser medido e gerava uma angústia quando pensava no futuro. Para São Camilo, projetar-se no futuro exigia, antes de tudo, experimentar-se adequadamente no presente, aqui e agora. Assim unificado, estava pronto para testemunhar esta palavra do Senhor: "Eu vim para que tenham a vida e a tenham em abundância" (Jo 10,10).

Cada um de nós pode experimentar esse poder da vida nele. Depois, ele poderá dar uma direção, um sentido. É isso que nos dizia São Camilo de sua própria caminhada, a respeito de sua experiência da Ordem que ele fundara: "...para que todos caminhemos com correção e na fidelidade que Deus quer em nós". Ele tinha um olhar profético sobre aqueles, já numerosos, que entraram na Ordem e que ele conheceu, acompanhou, e para os que entrarão no futuro. Ele detalhou: "Deus pede que não enterremos o talento tão precioso que o Senhor colocou em nossas mãos para que obtenhamos a santidade nesta vida e após esta, a glória eterna". Essas palavras são de uma atualidade incrível! Santa Teresa do Menino Jesus, de Lisieux, falará mais tarde, no fim do Século XIX, da "pequena via" da santidade, convidando-nos a viver todos os atos do cotidiano na simplicidade e no abandono; mas já, no início do Século XVII, São Camilo declarava que é aqui embaixo que obteremos a santidade. O que viveremos no além é a glória eterna.

Como a Virgem Maria, respondendo ao arcanjo Gabriel quando ele lhe anunciou que ela seria a Mãe do Salvador, também nós podemos dizer: "Como é que isto poderá se fazer?" Experimentando o sabor de minha vida, posso descobrir o talento que o Senhor me doou. Serei então convidado a fazer frutificar minha vida, vivendo a justiça e a fidelidade. Desde o início de toda a existência, recebemos de Deus um duplo dom: a vida e o talento. Pelo fato de não enterrarmos o talento, isso implica que produzimos frutos, que nos abrimos aos demais, ao mundo. Compartilhando os talentos, fazemos com que eles cresçam.

Reconhecendo o modo miraculoso como foi fundada a Ordem dos Ministros dos Enfermos, São Camilo convidava-nos a compreender que era Deus que estava na origem e na finalidade, uma vez que é "em vista da glória de sua Divina Majestade e de um grande bem para as almas e os corpos dos próximos". De um modo inato, mas bastante correto, São Camilo escolheu começar por aquilo que ele experimentava, por aquilo que ele recebeu, fazendo como que um balanço, e depois viria a finalidade. Foi um movimento duplo. São Camilo nos faz compreender que tudo vem de Deus, tudo passa por Ele, e tudo retorna a Ele. Foi no momento de sua conversão, tocado pelo amor infinito de Deus, que São Camilo pôde compreender suas faltas e manteve sempre em si o fato de se considerar "um grande pecador, ignorante, pleno de tantos defeitos... digno de mil infernos... enfim, uma nulidade". É por que ele fez essa experiência que pôde deixar de lado suas prerrogativas e reconhecer: "Deus é o Senhor, ele pode fazer o que lhe agrada e isto é infinitamente bem feito". A seu exemplo, aceitamos que Deus seja o Senhor em nossas questões sobre nosso futuro. Somos convidados, então, a reconhecer seus traços nos eventos de nossas vidas. São Pedro lembra--nos: "Vivei como pessoas livres, não como gente que faz da liberdade um véu para encobrir sua malícia, mas como servos de Deus" (1Pd 2,16). O que Paulo reforça por: "Não existe mais judeu nem grego; não existe mais escravo nem livre, não existe mais homem nem mulher: porque todos vós sois um só em Cristo Jesus" (Gl 3,28).

Como ele o realizou em São Camilo, Deus nos pede de colocarmos em ação nossa liberdade para realizar sua obra. Nossos temores nos amarram àquilo que temos e podemos e isso nos impede de acolher o que vem de Deus. É por isso que São Camilo insistia: "Envolvo todos os religiosos, do presente e do futuro, a não pretenderem saber mais sobre aquilo que deve ser feito, mas a avançar com a santa simplicidade".

São Camilo pedia a seus religiosos que fossem "grandes defensores do santo voto de pobreza". Esse não pode resumir-se numa lista de atos que podem ou que não podem ser feitos, autorizados ou proibidos. Jesus não era delicado com aqueles que agiam assim: "por fora pareceis justos aos outros, mas por dentro estais cheios de hipocrisia e de iniquidade" (Mt 23,28). A pobreza não pode vir senão de dentro e ser testemunhada para fora. A relação que tenho com os bens materiais diz alguma coisa daquilo que sou e daquilo que vivo interiormente.

O futuro não será possível se eu não aceitar entrar no espírito de acolhida e de dom, de posse e de desprendimento. Na Eucaristia, temos a chance de poder viver cada dia esse extraordinário milagre de doar tudo, que longe de empobrecer, enriquece-me. Porque Deus não cessa, em se doando, de se doar, convidando-me a fazer o mesmo.

Podemos reconhecer na pessoa e na vida de São Camilo um caminho de vida para hoje, um testemunho de misericórdia para nós e para os outros.

DATAS RELACIONADAS À VIDA DE SÃO CAMILO

1550 – 25 de maio: nascimento em Buquiânico (Chieti), na Itália, de uma família da pequena nobreza.

1563 – Morte de sua mãe.

1568 – Alista-se no exército, com seu pai, militar de carreira.

1570 – Morte de seu pai.

1571 – Úlcera que não cura no pé direito. Emprega-se como ajudante de quarto no hospital São Tiago dos Incuráveis de Roma para ser tratado. É mandado embora por causa de seu vício em jogo de baralho. Ele joga e perde até a camisa.

1574 – Trabalha como diarista com os padres capuchinhos em Manfredônia.

1575 – 2 de fevereiro: conversão radical. Ele quer ser capuchinho. Por causa de sua chaga, volta ao hospital São Tiago, onde serve aos doentes de modo exemplar.

1579 – Nomeado mordomo, ecônomo geral e também responsável pelo pessoal.

1582 – Reúne uma *Companhia* de homens para servir aos doentes por amor a Deus e ao próximo.

1584 – 26 de maio: ordenado padre na basílica de São João de Latrão. Escreve as Regras de

111

sua Companhia, agora mais numerosa. Deixa o hospital São Tiago e vai para o hospital Santo Espírito. Aprovação da "Congregação dos Ministros dos Enfermos", por Sisto V, que autoriza Camilo e seus companheiros a trazer uma cruz vermelha em seu hábito. Assistência dos feridos no campo de batalha na Hungria.

1585 – Epidemia de peste em Nápoles, fundação de uma comunidade em Nápoles. Gregório XIV reconhece a Congregação como Ordem religiosa. Em 8 de dezembro, profissão perpétua de Camilo e de 25 companheiros que fazem os quatro votos: pobreza, castidade, obediência e serviço aos doentes, mesmo com risco de morte. Fundações em Milão, Gênova, Bolonha, no Vaticano (Monte Mario), em Ferrara e em Florença.

1586 – Fundação em Messina e em Palermo.

1587 – Inundação do Tibre, em Roma. Camilo salva os doentes do hospital Santo Espírito. Fundação de Mântua.

1588 – Fundação de Viberbo.

1589 – Fundação de Buquiânico.

1590 – Fundação de Chieti, Piacenza e Caltagirone.

1591 – Camilo renuncia ao Generalato. Vive como simples religioso no hospital Santo Espírito.

1592 – Visita as comunidades.

1594 – Fome em Buquiânico.

1612 – Ultimas visitas às casas da Ordem. Em

Milão, ele redige as *Regras para nossos irmãos para servir em toda a perfeição aos pobres doentes*.

1614 – 14 de julho: Morre em Roma, depois de ter ditado e assinado a Carta-Testamento.

***

1742 – Camilo é beatificado por Bento XIV.

1746 – Camilo é canonizado pelo mesmo papa que o define como o iniciador de uma "nova escola de caridade".

1886 – Leão XIII proclama São Camilo o patrono dos enfermos e de todos os hospitais do mundo.

1930 – Pio XI proclama São Camilo, com São João de Deus, protetores dos trabalhadores nos hospitais.

1964 – Paulo VI proclama São Camilo padroeiro dos Abruzzos.

1974 – Beatificação, por João Paulo II, de Joséphine Vannini (1859-1911), fundadora da Congregação das Filhas de São Camilo.

1994 – Beatificação, por João Paulo II, de Marie-Dominique Brun Barbantini (1789-1868), fundadora da Congregação das Servas dos Doentes de São Camilo.

1996 – Beatificação, por João Paulo II, do padre Henri Rebuschini.

2001 – Beatificação, por João Paulo II, do padre Louis Tezza.

A FAMILIA CAMILIANA LEIGA

A espiritualidade camiliana para os leigos a serviço dos doentes

A Família Camiliana Leiga reúne homens e mulheres que se sentem chamados a viver seu comprometimento batismal seguindo Cristo, por meio do serviço aos doentes, segundo o carisma que São Camilo de Lellis transmitiu a sua Ordem.

Os membros da Família Camiliana Leiga querem viver uma adesão incondicional a Jesus, o Bom Samaritano. Por seu estilo de vida, com a ajuda de um padre camiliano, ou de um acompanhante espiritual, formado nessa espiritualidade, buscam valorizar o amor, a misericórdia, o respeito, a solidariedade em todos os lugares onde estão presentes. A oração, a vida sacramental, a Palavra de Deus, a confrontação com aquilo que eles vivem, a formação, os encontros fraternos sustentam sua fé e seu carisma, junto às pessoas acompanhadas.

Maria, *saúde dos enfermos*, é invocada como protetora.

A Família Camiliana Leiga é uma das formas de colaboração entre os religiosos camilianos e os leigos. É uma associação eclesial pública, vinculada à Ordem dos Ministros dos Enfermos.

Mais informações podem ser obtidas no site:
www.camilliens.fr
http//:famille.camillienne.free.fr

PROVÍNCIA CAMILIANA BRASILEIRA
COMUNIDADES E SEMINÁRIOS

COMUNIDADE SÃO CAMILO
S.G.A. Norte – Quadra 914 – Conj. G
70790-140 – Brasília-DF
Fone: (61) 3273-7403
Fax: (61) 3273-0582
Paróquia: (61) 3226-0300 – 3225-4980
provinciadf@terra.com.br

COMUNIDADE SÃO PIO X
Noviciado
Av. São Camilo, 1200
06709-150 – Cotia-SP
Fone / Fax: (11) 4702-2212
Fax: (11) 4702-5740

COMUNIDADE SANTA CRUZ
Paróquia Hosp. São Camilo
Rua Senador Feijó, 444
11015-504 – Santos-SP
Fone: (13) 3232-8439 (Residência)
        (13) 3232-9410 (Paróquia)
Fax: (13) 3222-6744
comunidadestacruz@yahoo.com.br

COMUNIDADE SANTA MARIA MADALENA
Pirambú
Rua General Costa Matos, 80
60310-690 – Fortaleza-CE
Fone: (85) 3223-6579
Fax: (85) 3252-4367
cmmadalena@secrel.com.br

Comunidade e Seminário Maior São Camilo
Rua Antônio Marcondes, 427
04267-020 – Ipiranga-SP
Fone: (11) 3564-1634
Fax: (11) 5061-8163
filosofia@camilianos.org.br

Comunidade N. Sra. do rosário
Av. Pompeia, 1214
05022-001 – São Paulo-SP
Fone: (11) 3673-3324

Casa de Formação Lagoa Redonda
Rua Monte Rei, 300
60832-280 – Fortaleza-CE
Fone / Fax: (85) 3476-8359

Comunidade São Camilo e São Luiz
Rua Dr. Marcelo Cândia, 742
68906-510 – Macapá-AP
Fone / Fax: (96) 3223-4625
Fax: (96) 3242-9799 (Hospital)

Seminário São Camilo
Propedêutico
Iomerê
Av. São Luiz Gonzaga, s/n
89558-000 – Iomerê-SC
Fone: (49) 3539-1193
Fax: (49) 3539-1017
seminario@camilianos.org.br

Seminário São Camilo
propedêutico
Monte Santo
Rua Cel. Lucas Magalhães, 373
37958-000 – Monte Santo de Minas-MG
Fone: (35) 3591-1614

Fax: (35) 3591-1479
Paróquia: (35) 3591-1174
procamontesant@com4.com.br
montesanto@camililanos.org.br

COMUNIDADE S. CURA D'ARS
Travessa Castro Alves, 65
Bairro Centro
CEP: 60160-160 – Fortaleza-CE
Fone / Fax (85) 3023-5138
cscuradars@camilianos.org.br

COMUNIDADE SÃO CAMILO
Estrada Velha da Tijuca, 45
20531-080 – Rio de Janeiro-RJ
Fone: (21) 2571-3467 (Residência)
Fone / Fax: (21) 2238-3509
saocamilo@camilianos.org.br
Ambulatório: (21) 2268-8377

Seminário São Camilo
Av. Camilo Di Lellis, 868
83323-000 – Pinhais-PR
Fone: (41) 3667-5069
Fax: (41) 3653-0435
Paróquia: (41) 3667-3008
scamilo@camilianos.org.br

COMUNIDADE SÃO CAMILO DE SANTA CRUZ DE LA SIERRA
Calle Pedro Almaraz, s/n
La Chacarrilla – Santa Cruz de la Sierra – Bolívia
Casilla, 25
camilosbolivia@hotmail.com
Fone: (0021-591-3) 347-6680
Fone / Fax: (0021-591-3) 364-2140

Comunidade São Camilo – ES
Rua Sabina Scárdua Fardim, 2
Bairro Paraíso
29304-340 – Cachoeiro de Itapemirim-ES.
Fone: (28) 3511-6356

COMUNIDADE HENRIQUE REBUSCHINI
Rua Barão do Bananal, 803
05024-000 – São Paulo-SP
Fone: (11) 3673-4487 / 3294-6600

ÍNDICE

Introdução 5
Prefácio 7
Abreviaturas 9
Biografia 11

1. Deus é tudo, o resto é nada 21
2. Intuição forte 27
3. Uma nova escola da caridade 33
4. Um nome e uma cruz 39
5. Padres e irmãos 45
6. Carisma e ministério 51
7. O crucifixo, companheiro de vida 57
8. A formação intelectual 63
9. Padres da boa morte 69
10. Inovador para os leigos 75
11. Um coração novo, um espírito novo 81
12. Bem-aventuranças e prodígios 87
13. A rainha dos Ministros dos Enfermos 93
14. O ministro sofredor 99
15. O testamento abre-se para o futuro 105

Datas relacionadas à vida de São Camilo 111
A família Camiliana leiga 115
Província Camiliana Brasileira
Comunidades e Seminários 116